CIVIL AVIATION
PROFESSIONAL ETHICS
CONSTRUCTION

张 凤 著

# 民航
# 职业道德建设

社会科学文献出版社
SOCIAL SCIENCES ACADEMIC PRESS (CHINA)

加强思想道德建设。人民有信仰，国家有力量，民族有希望。要提高人民思想觉悟、道德水准、文明素养，提高全社会文明程度……深入实施公民道德建设工程，推进社会公德、职业道德、家庭美德、个人品德建设，激励人们向上向善、孝老爱亲，忠于祖国、忠于人民。

——摘自《党的十九大报告》

# 前　言

伟大时代呼唤伟大精神，崇高事业需要榜样引领。实现中华民族伟大复兴，是中华民族近代以来最伟大的梦。而作为中国民航人，也有一个共同的理想——实现"民航强国梦"。中国民用航空业的蓬勃发展和建设民航强国，迫切需要大批思想政治素质高、职业道德好、安全责任意识和品质服务意识强的民航从业者。为了更好地服务于民航强国建设，全面提高民航行业全体从业者的职业素养，培育知荣辱、讲正气、作奉献、促和谐的行业风尚，本人编写了《民航职业道德建设》一书。本书可作为民航院校职业素质教育的教科书，也可作为民航企事业单位从业者学习、培训的参考书。

"嘤其鸣兮，求其友声"，由于本人能力、学识和视野所限，本书难免有疏漏和不当之处，恳请读者赐教、指正。

本书在编写的过程中，引用了诸多专家学者的专著和文章，在参考文献中列出以表尊重，但是百密难免一疏，参考文献可能未能穷尽。在此，谨向本书引用、参考过的专著和文章的作者们，致以崇高的敬意和诚挚的谢意！

特别感谢中共民航局党校对本书出版经费的支持。

张凤

2017 年 11 月于北京

# 目录

## 第一章 绪 论 ………………………………………… 001

### 第一节 中国民航行业的成就及特点 ………………… 003
一 新中国民航事业的发展成就 ……………………… 003
二 民航行业的特点及要求 …………………………… 005

### 第二节 民航职业道德建设的意义 …………………… 009
一 造就"四有"民航职工队伍 ……………………… 009
二 培养良好的民航精神 ……………………………… 009
三 肃清行业不正之风 ………………………………… 010

## 第二章 道德和职业道德 …………………………… 013

### 第一节 道德 …………………………………………… 015
一 道德的含义及本质 ………………………………… 015
二 道德的特征与作用 ………………………………… 021

### 第二节 职业道德 ……………………………………… 029
一 职业道德的发展历程 ……………………………… 029
二 职业道德的基本特征 ……………………………… 034
三 职业道德的主要作用 ……………………………… 036

### 第三节 社会主义职业道德 …………………………… 039
一 社会主义职业道德的基本特征 …………………… 039
二 社会主义职业道德的基本原则 …………………… 041
三 社会主义职业道德的基本规范 …………………… 045
四 社会主义职业道德的主要作用 …………………… 051

## 第三章　民航职业道德 …… 055

### 第一节　民航职业道德的基本内涵 …… 057
一　民航职业道德的含义 …… 057
二　民航职业道德的基本原则 …… 060

### 第二节　民航职业道德的主要作用 …… 064
一　民航职业道德对民航内外人际关系的调节作用 …… 064
二　民航职业道德对民航事业发展的促进作用 …… 070

## 第四章　民航党政领导干部职业道德 …… 073

### 第一节　民航党政领导干部的职责和作用 …… 075

### 第二节　民航党政领导干部职业道德的基本原则 …… 077
一　只有对党忠诚，才能确保民航干部坚持正确方向，真正为人民群众着想 …… 079
二　只有个人干净，才能确保民航干部坚持正确道路，真正为人民群众谋利 …… 080
三　只有敢于担当，才能确保民航干部勇于攻坚克难，真正为人民群众做事 …… 081

### 第三节　民航党政领导干部的职业道德规范 …… 084
一　民航领导干部的职业道德规范 …… 084
二　民航党务干部的职业道德规范 …… 091

### 第四节　民航党政领导干部职业道德的基本要求 …… 096
一　严谨细致，科学决策 …… 096
二　善于用人，尊重人才 …… 097
三　擅长沟通，言之有物 …… 098

## 第五章　民航专业技术人员职业道德 …… 099

### 第一节　民航专业技术人员的职责和作用 …… 101

### 第二节　民航专业技术人员的职业道德规范 …… 103
一　追求真理，奉献社会 …… 103

　　　　　　二　德才兼备，尽职尽责 ……………………………………… 105
　　　　　　三　实事求是，尊重科学 ……………………………………… 107
　　　　　　四　立足全局，密切协作 ……………………………………… 108
　　第三节　关键岗位专业技术人员的职业道德要求 ……………………… 111
　　　　　　一　飞行技术人员的职业道德要求 ………………………………… 111
　　　　　　二　机务维修人员的职业道德要求 ………………………………… 116
　　　　　　三　航行技术人员的职业道德要求 ………………………………… 122

# 第六章　民航运输服务人员职业道德 …………………………………… 129

　　第一节　民航运输服务人员的职责和作用 ……………………………… 131
　　第二节　民航运输服务人员的职业道德规范 …………………………… 133
　　　　　　一　热爱本职，献身民航 ……………………………………… 134
　　　　　　二　真情服务，文明礼貌 ……………………………………… 135
　　　　　　三　遵纪守法，诚信廉洁 ……………………………………… 139
　　　　　　四　团结协作，顾全大局 ……………………………………… 141
　　　　　　五　勤奋学习，精通业务 ……………………………………… 143
　　第三节　民航运输服务人员的职业道德要求 …………………………… 145
　　　　　　一　民航地面服务人员职业道德要求 ……………………………… 145
　　　　　　二　航空货运服务人员职业道德要求 ……………………………… 147
　　　　　　三　民航空中乘务人员职业道德要求 ……………………………… 149

# 第七章　民航财务人员职业道德 ………………………………………… 153

　　第一节　民航财务人员的职责和作用 …………………………………… 155
　　第二节　民航财务人员的职业道德规范 ………………………………… 156
　　　　　　一　爱岗敬业，诚实守信 ……………………………………… 156
　　　　　　二　廉洁自律，客观公正 ……………………………………… 157
　　　　　　三　坚持准则，提高技能 ……………………………………… 158
　　　　　　四　参与管理，强化服务 ……………………………………… 159
　　第三节　民航财务人员的职业道德要求 ………………………………… 161

一　出于公心，为公理财 …………………………………… 161
　　二　实事求是，诚实敬业 …………………………………… 162
　　三　坚持原则，诚信公正 …………………………………… 163
　　四　严谨细致，慎始慎微 …………………………………… 164

## 第八章　民航职业道德建设 …………………………………… 167

### 第一节　民航职业道德教育 …………………………………… 169
　　一　职业道德教育的基本内涵 ……………………………… 169
　　二　职业道德教育的基本特点 ……………………………… 174
　　三　职业道德教育的主要方法 ……………………………… 179
　　四　在校学生的职业道德教育 ……………………………… 182

### 第二节　民航职业道德修养 …………………………………… 184
　　一　职业道德修养的基本内涵 ……………………………… 184
　　二　职业道德修养的现实意义 ……………………………… 186
　　三　加强职业道德修养的主要方法 ………………………… 188

### 第三节　民航职业道德建设 …………………………………… 192
　　一　把干部道德建设作为民航职业道德建设的关键 ……… 192
　　二　在全民航大力弘扬和践行当代民航精神 ……………… 196
　　三　纠正部门和行业不正之风 ……………………………… 200
　　四　积极探索和创新民航职业道德建设的有效载体 ……… 202

## 参考文献 …………………………………………………………… 204

# 第一章
# 绪　论

　　民用航空运输业，作为国民经济的重要基础产业和国家战略性、先导性产业之一，是现代综合交通运输体系的重要组成部分，其发展速度和发达程度直接体现了一个国家的综合实力和现代化水平。当前，航空运输已不仅仅是一种交通运输方式，还是区域经济融入全球经济的最佳通道、区域经济发展和产业升级的驱动力。在国际竞争日益加剧、空防形势日益严峻的今天，让全体民航人统一思想、统一认识，一致行动，形成合力，是中国实现民航强国战略的基本保障。其中，加强民航职工的职业道德建设，践行社会主义核心价值观，是全面提升民航发展的软实力，实现中国民航业又好又快发展的重要手段之一。

　　职业道德是从事一定职业的人们在其特定的工作或劳动过程中应遵循的道德规范和行为准则，涵盖了职工与服务对象、职业与职工、职业与职业之间的关系。伴随着社会主义市场经济的不断发展，社会主义职业道德的建设愈加重要，它既是民主法治建设的基础，也是促进社会和谐发展的重要保障。

民航职业道德，是民航职业活动的一个精神支柱，对于发展新时期社会主义民航事业、提高我国国际影响力和竞争力，具有重要的精神推动作用和思想保障作用。它是民航社会主义精神文明建设中不可缺少的一项内容，也是新时期社会主义民航事业自身的一个显著特征。

　　民航职业道德，属于社会主义职业道德范畴，主要研究民航职业生活中人与人之间、人与物之间应当遵循的基本道德原则、道德规范。这些原则、规范，反映了民航行业内外部之间、民航内部各方面之间的利益关系，并起着积极的调节作用，使民航与旅客和货主的利益，民航内部职工的个人利益与行业利益、国家利益统一起来，得到协调发展。民航职业道德对民航职工的政治方向、理想追求和专业技术提高，起着重要的导向作用和积极的促进作用。它一方面要积极地为发展民航事业、弘扬民航精神和提高民航职工素质服务；另一方面积极地为贯彻党的基本路线、实现中华民族伟大复兴的宏伟目标服务。

　　研究民航职业道德，首先必须认清民航职业道德与民航事业之间的关系，尤其是民航职业道德与民航业的特点、地位的内在联系，民航事业的发展对其职工思想道德素质的客观要求，以及民航职业道德建设的内涵和作用，以加强民航职业道德建设及提高民航职工自我道德修养的自觉性。

## 第一节　中国民航行业的成就及特点

中国民航职业道德要求全体民航工作人员热爱民航事业，敬重民航事业，献身民航事业。为此，我们必须了解中国民航所取得的伟大成就，了解中国民航的特点以及其在国家经济社会发展中的战略地位和作用。

### 一　新中国民航事业的发展成就

1949 年以前，我国用于民航运输的主要机场只有 36 个，包括上海龙华、南京大校场、重庆珊瑚坝、重庆九龙坡等机场。除上海龙华和南京大校场机场可起降 DC-4 型运输机外，其余机场一般只适用于当时的 DC-2、DC-4 型运输机。这些机场不仅设备简陋，而且历经多年的战乱破坏，亟须改造和建设。

新中国成立伊始，政府便开始加紧各项准备，着手恢复和发展民航运输。1949 年 11 月 9 日，"两航"（即原中国航空股份有限公司与中央航空运输股份有限公司）员工发动起义，带着 12 架飞机回归祖国，加上后来修复的国民党遗留在大陆的 17 架飞机，构成了新中国民航事业创建初期航空器的主体。到 1957 年底，中国民航已拥有各类飞机 118 架，绝大部分机型为苏联飞机。1950 年 7 月和 8 月，国际、国内航线先后开辟。1951 年民航运输业完成运输总周转量 349 万吨公里、旅客运输量 2.39 万人次，货邮运输量 767 吨。1958 年首都机场建成，中国民航从此有了一个较为完备的基地。到 1965 年，国内航线增加到 46 条，国内航线布局重点也从东南沿海及腹地转向西南和西北的边远地区。

然而，从新中国成立一直到20世纪70年代中期，由于综合国力较弱，并受到"大跃进"和"文革"的影响以及国际环境的严重制约，总体来看民航运输规模扩展较慢。1970年民航运输总周转量仅有0.48亿吨公里，1975年为1.7亿吨公里，分别仅为目前两架窄体干线飞机和两架远程宽体飞机的运量。

1980年，民航运输三项指标（即运输总周转量、旅客运输量、货邮运输量）分别为4.3亿吨公里、343万人次和8.9万吨；2010年，分别达到538亿吨公里、2.68亿人次和563万吨；2016年分别达到962亿吨公里、4.88亿人次和668万吨。

20世纪70年代初期，新中国在国际民航组织合法席位得到恢复后，开始提供统计数据。1975年，我国民航运输总周转量居世界第40位，1980年为第33位，1990年为第16位，2000年为第9位，2005年以后稳居第2位。我国已经成为名副其实的民航大国。

1950年新中国民航开飞时，仅有29架小型飞机，包括"两航"起义的12架和后来修复的国民党遗留在大陆的17架飞机，总座位数600余个，整体运能还不到现在1架窄体干线飞机的1/2。1980年，中国民航购买了波音747 SP型宽体客机，标志着飞机使用已经部分达到了国际先进水平。2010年，民航运输飞机达到1597架；2016年，达到2950架，且全部是性能先进的现代化飞机。

航空公司的运输能力显著提高。国航、东航、南航都已跻身世界航空公司前列，各自拥有600架左右的运输飞机；海航集团旗下在用飞机也已突破500架。同时，还建成了保障能力和服务功能较强的航油供应体系和信息网络系统。截至2016年底，全国颁证运输机场218个；颁证的通用航空机场（不包括临时机场及起降点）71个。

实际上，在以前，民航运输一直都是一种高档消费，非普通老百姓所能享用。如今，民航已经飞临寻常百姓家，成为大众化的交通工具。民航旅客周转量在综合交通运输体系中的比重已由20世纪70年代的1%提高到2017年的25%以上，并承担了绝大部分的国际旅客运量。

1952 年，我国民航业务收入仅为 0.02 亿元；2016 年，全行业实现营业收入 6393 亿元。自开航以来，全行业有 3/4 的年份盈利。民航企业的平均利润率虽然不高，但为国家创造的税收十分可观，2016 年，全行业缴纳税金 297 亿元。

总之，新中国成立近 70 年来，作为国民经济和社会发展的重要行业和先进的交通运输方式，民航业伴随整个国民经济的发展而不断发展壮大。特别是改革开放 30 多年来，航空运量持续快速增长，航线网络不断扩大，机队运输能力显著增强，机场、空管等基础设施建设取得重大进展，管理体制改革和对外开放迈出较大步伐。航空运输在我国改革开放和加速社会主义现代化建设中发挥着越来越重要的作用。

## 二　民航行业的特点及要求

任何一种职业道德，都和其所属行业的特性息息相关。了解民航行业的特殊性及其对工作人员的要求对于认识和掌握民航职业道德的内容和作用具有重要意义。

### 1. 民航的行业特点及其要求

民航是现代综合交通运输体系的重要组成部分，它服务于人民大众最基础的生活所需，属于"衣食住行"中必不可少的"行"的范畴。运输航空为旅客、货主服务，通用航空为工农业等方面的众多用户服务。这种服务性的特点，要求民航工作人员要具有良好的服务态度，对客户要热心、关心、用心、尽心，不断地提高服务质量和水平；要求民航工作人员理解和接受"越是节假日越是繁忙"这一服务性行业的共同特点，在民航服务保障过程中要有"舍小家保大家"的忘我精神；要求民航工作人员在各自的岗位上有"忠诚担当的政治品格、严谨科学的专业精神、团结协作的工作作风、敬业奉献的职业操守"，认真贯彻"人民航空为人民"的宗旨；要求民航工作人员深刻地认识到："我们社会对人的关心、社会的安宁和人们之间关系的和谐，是同各个岗位上的服务态度、服务质量密切相关的"。

### 2.民航的产品特点及其要求

一般工厂的生产对象，经过劳动加工，都会发生各种形态和性质的变化，生产出的产品具有新的价值和使用价值。民航运输的生产则不同，它的劳动不是也不可能是对旅客和货物进行加工，创造出新的价值和使用价值。民航运输的生产，只是改变旅客和货物的空间位置，由一个地方运送到另一个地方，是以"客公里""吨公里""旅客吞吐量""货邮吞吐量""起降架次"等为产品表征的。通用航空作为工农业服务的作业飞行，只能以"作业小时"作为自己的产品表征。因此，要提高民航的经济效益和社会效益，不仅要保证飞行安全、正常、及时，在尽可能地降低各种能耗的前提下，多运、多装、多飞，而且要尊重旅客、货主和用户，以维护他们的切身利益为前提。

### 3.民航的环境特点及其要求

民航的运输和作业，不是在地面和水上而是在"空中"进行。"空中作业"就是民航生产的独特的环境特点。这个特点对民航工作人员提出了一系列的要求，其中最核心的是要保证飞行安全。虽然其他运输部门和企业也要求生产安全，但对民航生产的安全要求更为突出。随着科技的飞跃发展，现在飞机的安全系数较其他交通运输工具高，但飞机一旦发生事故，造成的影响和损失会较大。所以保证安全是民航完成生产任务最关键的职业道德规范。这就要求安检人员、飞行人员、机务维修人员等所有与航空安全息息相关的人员，要有强烈的事业心、高度的责任感和精湛的技术技能。再者，气候环境、地理环境对飞行安全和作业效果会产生重大影响，因此须对有关人员提出相关要求。除了自然环境会影响飞行安全以外，还有社会环境，在国内飞机往返于许多少数民族地区，在国际上往返于不同民族、不同社会制度的国家，服务对象多样化，从而要求民航职工了解并尊重有关国家风俗习惯、民族政策、外交政策等。

### 4.民航生产活动的特点及其要求

民航的生产活动不是固定在某一个地方，而是在一个广阔的空间展开的。这就形成了民航生产活动点多、线长、面广的特点，"点多"可多到国内外各主要大中城市,"线长"可长到跨洲越洋,"面广"可广到世界各地。再加上自然条件的多变和社会环境的复杂性,这就要求民航生产指挥高度集中统一,各部门之间协调配合;要求民航工作人员服从命令,听从指挥,具有严格的组织纪律。

### 5. 民航的效用特点及其要求

飞行速度快。"快"是航空运输的最大特点和优势。现代喷气式客机,巡航速度为 800~900km/h,比汽车、火车快 5~10 倍,比轮船快 20~30 倍。距离越长,航空运输所能节约的时间越多,快速的特点越显著,所带来的经济价值也就越凸显。这一特点,要求民航工作人员有紧张、严肃、快节奏、高效率的工作作风才能与之相适应。这就是说,只有空勤人员、地勤人员、服务人员和其他工作人员有这种工作作风,才能不断提高民航的营运效率,充分发挥民航运输的优势。

机动性好。这也是民航的一个特点。飞机在空中飞行,受航线条件限制的程度比汽车、火车、轮船小得多。它可以将地面上任何距离的两个地方连接起来,可以定期或不定期地飞行。尤其对灾区的救援、供应、边远地区的急救等紧急任务,航空运输已成为必不可少的手段。但是,这种灵活机动的飞行,并不是随意的,否则就会造成事故或违反法纪。民航的这种特点,要求民航部门必须有严格的规章制度,必须科学管理,必须突出思想政治工作;同时要求民航工作人员必须遵章守法,有良好的思想道德素质。

### 6. 民航的技术特点及其要求

民航运输是一个集技术密集型和资金密集型于一体的产业发展部门,作为一种现代化的重要运输方式,其所取得的发展成效,直接反映了一个国家本身的经济发展水平。中国民航拥有世界上最先进的飞机,并逐步更新和完善了具有世界先进水平的机场设备和机务维修、航行管制等配套设施。民航运输是技术密集型产业,与国民经济其他部门相比,民航运输更复杂,难度更大。它不是凭直观和经验传授就能操作,而是要通过系统的科学理论知识学习和训练才能运用它进行航空产品的生产。再有,民航这种技术不是单一的,而是综合性的,集中了许多现代高科技。民航这种高科技的特点，不仅要求民航工作人员认真地学习现代民航科学技术知识，而且还要有良好的工作作风和技术素养。

从民航发展历史来看，党中央、国务院对民航安全始终高度重视。从周恩来总理最早提出的"保证安全第一，改善服务工作，争取飞行正常"的重要指示，到近年来，党中央、国务院领导对民航工作做出的多次重要批示指示，其中强调最多的就是民航的飞行安全。特别是习近平总书记2014年在对民航安全工作的重要批示中曾专门强调"航空运输安全事关国家安全、国家战略"，并多次要求民航局"盯紧、盯住"飞行安全；2015年初，习近平总书记再次强调，"民航业是重要的战略产业，要始终坚持安全第一"。这些批示指示指出了民用航空事业的工作核心，揭示了民用航空事业的发展规律，是民航建设和发展的指导方针，也是研究民航职业道德的指导思想。

民航职业道德既然产生于民航生产实践，反映了民航生产特点和客观要求，那么它的职业道德意识，职业行为准则以及范畴、规范等内容都具有不以人的意志为转移的客观性。一切从业者，一旦真正地认识并掌握了它，就会成为尽心尽职、出色完成工作任务的合格员工。因此，民航职业道德对民航职工不是一种束缚，而是一种创造性劳动的必要条件。有些人不理解这个道理，认为职业道德的行为准则和规范，是长官意志，是家长作风，是管、卡、压，限制了个性自由和发展，因而产生逆反心理和抵触情绪，这显然是错误的。生产和工作的实践证明，民航职业道德是民航事业发展的客观要求，凡是违背者，都会不同程度地损害国家、集体、他人以及自己的个人利益，不利于民航事业的发展。只有民航从业者领会和掌握了民航职业道德内容的客观性，才能自觉地按照民航职业道德的要求做好各项工作，处理好各种利益关系。

# 第二节　民航职业道德建设的意义

民航职业道德建设的任务，是根据新时期民航行业发展和社会主义精神文明建设的需要提出来的。它对于加速民航强国建设和行业改革发展，建立社会主义新型的人与人之间关系，净化民航行业风气、培育民航职业风尚，都有着十分重要的意义。

## 一　造就"四有"民航职工队伍

《中共中央关于社会主义精神文明建设指导方针的重要决议》指出："社会主义精神文明建设的根本任务，是适应社会主义现代化建设的需要，培养有理想、有道德、有文化、有纪律的社会主义公民，提高整个中华民族的思想道德素质和科学文化素质。"民航职业道德建设属于社会主义精神文明建设的一个重要方面，必须把"四有"人才的培养工作作为自身的根本任务。目前，我国民航正处在深化改革和蓬勃发展的关键阶段，迫切需要大批德才兼备的"四有"人才，以适应民航事业发展的需要。

## 二　培养良好的民航精神

培养和树立良好的民航精神，也是民航职业道德建设的重要任务。行业精神是一个行业进行长期职业道德教育和思想政治工作的结果，是行业职业道德的结晶。我国正处在由民航大国向民航强国跨越的关键时期，民航作为国民经济的重要组成部分，更需要有本行业的具有新时期特征的民航精神。这对于民航事业的发展有着重要意义。民航职业道德建设的任务，就是要在继承和发扬民航优良传统的基础上，通过全面系统地进行民航职业道德的宣传和教育，深入民航的职业生活中，发现和培育民航的"铁人"、民航的"雷锋"、民航的"黄大年"，在整个民航系统树立、弘扬和践行具有新时期特征的当代民航精神，以精神的力量培育人、凝聚人、鼓舞人，做到内化于心、外化于行，对引领行业发展、提升行业发展软实力、提振士气方面起到推动作用。

## 三 肃清行业不正之风

任何行业的安全、健康、可持续发展，都离不开从业者优良的职业道德。行业的风气不仅直接关系行业的兴与衰，而且间接影响社会的稳定。近几年，民航系统内部暴露出一些党组织管党治党不严，主体责任和监督责任没有真正落实到位，一些下属单位违反中央八项规定精神问题突出，个别党员干部利用权力谋取非法利益，违纪违法案件多发，腐败蔓延的势头没有得到有效遏制的现象。主要表现在：部分党员干部漠视党纪党规，顶风违纪问题突出，"不敢腐"的政治生态没有形成；一些单位任人唯亲、唯近，突击提拔干部比较严重，有的"带病提拔""带病上岗"；一些部门围绕航线航班时刻搞权力寻租，相关人员利用审批资源收受巨额贿赂，向特定关系航空公司进行利益输送，行业性腐败问题严重；围绕航空经济发展，下属企业与特定关联企业"定向合作"，成立公司"定制推广"专用设备，"内外勾结"形成航材采购腐败"利益链"，吞食国有资产，造成国有资本管理失控，共生性腐败问题突出。这些现象一定程度上影响了民航行业的风气，影响了民航职工的士气。为了社会的稳定团结和民航事业的蓬勃发展，民航行业必须反对本行业的不正之风。这是民航职业道德建设的重要任务之一。职业道德的任务就是调节行业内外的各种利益关系，使之有利于新时期民航事业的发展和社会主义现代化建设。

**问题与思考**

1. 如何理解民航强国战略与民航职业道德建设的关系？
2. 如何理解民航精神与民航职业道德的关系？

# 第二章
# 道德和职业道德

　　道德是一种社会现象，也是人们经常使用的一个概念。但是，当涉及它的实质时人们又仁者见仁，智者见智，各抒己见，莫衷一是。究竟什么是道德？道德的本质是什么？并不是人人都能说清楚。因此，弄清楚什么是道德，道德的本质是什么，道德有哪些基本特征，道德有哪些社会作用，等等，是学习和掌握道德和职业道德基础知识的根本。只有先对道德的基本原理有一个大概的了解，才能初步掌握道德的理论基础，从而进一步深入地学习和掌握职业道德的基本理论和具体规范。

# 第一节 道德

## 一 道德的含义及本质

### （一）道德的含义

道德不是一个简单的概念，而是一种社会意识形态。它既包含深刻的思想理论，又包含大量的原则规范，是一个复杂的、完整的体系。

"道德"一词最早起源于西方古代文化中拉丁文的"摩里斯"（mores），原意为风俗和习惯，引申其意，有规则和规范、行为品质、善恶评价等意义。在中国古代文化中，"道"和"德"起初是各有其含义的。"道德"一词中的"道"，在中国古代是指事物运动变化的规律，有时也指社会政治状况或做人的规则、规范；此外，"道"还有领导、道路等多方面的含义。"德"即"得"，"德者，得也"，是指人们认识"道"、遵循"道"，内得于己，外施于人，便称为"德"。古人讲的"德"，类似今天讲的道德，既包括人的作风，也包括人的行为品质。但"德"偏于主观方面，主要指人的内心具有的精神、情操或思想境界。"德"含有某种客观性，主要指一种外在的要求。"道"和"德"合用成为合成词，始于春秋战国时的诸子之说。《管子·君臣上》说："是故别交正分之谓理，理顺而不失之谓道，道德定而民有轨矣。"意思是说区别上下交往、厘正君臣职分称为理，顺应理而不失理就称为道，道路与规律确定了，民众就会有轨道可循。《荀子·劝学》说："故学至乎礼而止矣，夫是之谓道德之极。"意思是说，学习到了明礼的程度，也就是能按照"礼"的规定去做事，就是道德的极致。《荀子·正论》又说"道德纯备，智惠甚明"，等等。可见古代学者讲的道德，是指人们在各种伦理关系中表现出来的道德境界、思想品质、善恶行为和调整这种关系的原则、规范，有时也指风尚、习俗、道德教育活动等。

当今社会，我们在日常生活中接触到的"道德"一词的含义是多方面的。有时听到人们讲某人的道德高尚，这是称赞一个人品质好，思想境界高，能自觉地按照道德规范的要求为人处世。有时又听人们说某人不道德，这是批评一个人不讲道德，违背了道德规范的要求，或行为举止不端正，或思想品质不好。那么，现阶段究竟什么是道德呢？道德是由一定的社会经济关系决定的上层建筑和特殊的社会意识形态，是通过社会舆论、内心信念和传统习惯来评价人们的善恶、好坏等行为，调整个人与个人、个人与社会关系的原则和规范的总和。这个概念反映的是人类社会的一种特殊现象。在人类社会中，人们由于从事生产活动而结成一定的社会关系，个人与个人之间、个人与社会之间发生了各种复杂的关系，为了维持正常的生产和生活秩序，就需要有一种对善与恶、正义与非正义、公正和偏私、诚实和虚伪等进行评价的客观标准来不断地调整这些关系。一定的道德原则和规范，从人们的社会实践中产生，它一经产生，就作为一种善恶标准来规定和约束人们的行为，以协调个人与个人、个人与社会之间的关系，达到和谐。

本书所讲的道德，不是指只停留在理论上、思想上的道德，而是指道德意识和道德实践的统一体，是一个由知到行，由主观道德意识到客观道德行为的转化过程。所以，作为现实的道德，作为知和行统一的道德，应该包括以下三个方面。

（1）道德观念

这是人们对道德，即对于善恶、是非、荣辱等的根本看法。具体来说，就是讲不讲道德的问题。平时我们说某人"不讲道德"，就是指这个人缺乏道德观念。道德观念包括道德认识、道德情感、道德意志、道德信念等。道德观念是由一定社会、一定阶级的经济关系决定的，是人们道德关系的反映和道德实践的产物，并随着社会经济关系的变化而发展。不同阶级的道德观念，代表着不同阶级利益的要求和体现。观念从实践中产生，又在实践中贯彻。道德观念是人人都有的，因为人人都处在一定的社会经济关系中，都在进行社会实践，都需要调整自己与他人及社会的关系，因此都有自发的道德观念。如果对这些自发的道德观念不加引导，就会完全受环境影响，染上不讲道德的恶习。如果人们加强道德修养，具有正确的道德观念，就可以在任何情况下都按照一定的道德原则和规范去行动，就能够判断自己的行为，懂得哪些该做，哪些不该做。

（2）道德原则和规范

这是人们行为的准则，也是判断人们思想和行为是非、善恶、荣辱等的客观标准。平时我们说某人的思想或行为"不道德"，这里的"不道德"就是指这个人的思想或行为违反了道德原则和规范。道德原则是根本的道德规范，它是道德体系的核心，反映道德的基本特征，规定和制约着道德规范，贯穿于道德意识和道德活动的始终。道德规范是道德原则的具体化，是一定社会或阶级对人们行为和道德关系的基本要求的概括，是为了实现某一道德原则而确定的规范。道德原则和规范包括道德范畴、道德准则和道德要求。道德原则和规范都是一定社会、一定阶级从自己的根本立场和根本利益出发，并在一定的实践基础上确定下来的。当然，不同的经济利益，不同的阶级立场，会有不同的道德原则和规范。任何一种道德原则和规范的产生，都具有深刻的社会经济原因，是由一定的社会经济关系所决定的。道德原则和规范与道德观念不同，道德观念是指导人们要不要讲道德，哪些事该做，哪些事不该做；道德原则和规范则是指导人们应该怎样讲道德，不仅懂得哪些事应该做，而且要懂得怎样做。因此，道德原则和规范比道德观念更接近于道德实践。凡是能够遵守道德原则和规范的人，就可以做一个符合本阶级或本时期的道德观念，具有本阶级或本时期道德品质的人。

（3）道德品质

这是道德原则和规范在人们思想和行动上的体现，是道德观念和道德原则、规范在道德实践中的统一。平时我们说某人"道德败坏"，就是说这个人道德品质恶劣，既缺乏道德观念，又违反道德原则和规范。道德品质包括道德行为、道德活动和道德评价。道德品质是一种现实的道德实践的反映。如果某人以某种道德观念为指导，遵循某种道德原则和规范，从而进行某种道德实践，那么这个人就具有了某种道德品质。道德品质是具有强烈的时代性和阶级性的，符合剥削阶级要求的道德品质，就不可能同时符合劳动人民的要求。劳动人民认为"道德败坏"的人，在剥削阶级看来是正常的，甚至还可能认为其道德品质很"高尚"。一般说来，如果一个人既具有一定的社会道德观念，又能遵守一定的社会道德原则和规范，那么他就会被认为是一个道德品质高尚的人。因此，道德品质既是道德观念和道德行为的统一，也是个别行为和整体行为的统一。

诚然，道德作为一门科学，还包含很多内容，如道德理想、道德关系、道德风尚等。但是，我们在日常生活和职业行为中所讲的道德，主要指道德观念、道德原则和规范、道德品质。这三者之间的关系是，道德观念是道德原则和规范的依据，是解决要不要讲道德的问题。道德原则和规范是准备付诸行动，进行道德实践，是解决怎样讲道德的问题，是由观念到实践的桥梁。道德品质则不仅要进行道德实践，而且已经产生了结果。这是解决实践得好不好、对不对的问题，是对道德观念和道德原则、规范的检验。道德观念、道德原则和规范、道德品质这三个部分的统一，有机地构成了一定形态的道德。

## （二）道德的本质

道德的本质是道德区别于其他事物的根本性质，是道德基本要素的内在联系和道德内部所包含的一系列必然性、规律性的总和。

### 1. 道德的一般本质——道德是一种社会意识形态

道德是在一定社会经济基础之上产生的一种社会意识形态。属于社会意识形态的范畴，是由一定的社会经济关系所决定的。它反映了社会和人类发展的要求，反映了特定阶级的利益。道德的内容、特征、发展和演变都是受经济关系制约的，具有人类精神的一般特征。道德作为社会上层建筑和意识形态，既具有相对独立的发展过程，又受制于现实社会的经济生活和政治生活，从而表现出与其他社会现象不同的一般本质。

具体表现如下。

（1）社会经济关系的性质决定道德体系的性质

社会经济关系也就是社会生产关系，在生产关系的三个方面中，生产资料所有制是社会经济关系的基础。所以考察社会经济关系的性质对道德体系性质的决定作用时，要着重考察生产资料所有制的性质。

（2）经济关系表现出来的利益直接决定道德体系的原则和规范

道德的基本原则和主要规范，都从利益中引申出来，利益决定了道德的原则和规范的适用范围。

（3）人们在社会经济关系中的地位和利益决定了各种道德体系的阶级属性、社会地位。

道德具有阶级性：不同阶级有不同的道德原则和规范；一定的道德原则和规范都是为一定的阶级利益服务的。在阶级社会中，一个阶级的伦理思想、道德体系能否居于社会的统治地位，最终与这个阶级是否在当时的社会经济关系中居于支配地位相联系。

（4）社会经济关系的变化决定道德的变化

整个道德体系的质变取决于社会经济关系的根本变革，道德的量变或部分质变也取决于社会经济关系的某些变化。

**2. 道德的特殊本质——道德是一种特殊的调节规范体系**

道德与其他社会意识形态不同的根本在于它的特殊的规范性，表现在如下几个方面。

（1）从产生来看，道德规范是一种非制度化的规范

政治法律规范是制度化的规范，是国家、阶级、政治团体通过立法、司法和行政机构，以宪法、法律、章程、条例、命令等形式表现出来的意志，是特殊的社会制度。而道德规范不是制定出来的规范，是一种非制度化的规范。它是处于同一社会或同一生活环境的人们在长期的共同生活过程中逐渐积累形成的要求、秩序和理想，是处于特定社会中的人们在长期的共同生活中逐渐形成的规则。

（2）从实施方式来看，道德不使用强制性手段为自己开辟道路

法律、政治规范体现的是统治阶级的意志，它通过强制性手段迫使

人们遵守和执行，人们只有遵守法律才能获得相应的权利，否则就会受到惩罚和剥夺。道德没有也不使用强制性手段为自己开辟道路，它主要借助社会舆论、传统习惯、内心信念的力量来实现。如我国政府把以德治国作为一项治国方略提出，坚持依法治国和以德治国相结合，使法治和德治在国家治理中相互补充、相互促进、相得益彰，推进国家治理体系和治理能力现代化。再如社会主义核心价值观体现了社会主义核心价值体系的根本性质和基本特征，反映了社会主义核心价值体系的丰富内涵和实践要求，践行社会主义核心价值观，是为了建设一种良好的社会舆论和道德的社会风气，进而通过教育作用把道德规范内化为人们的自觉、主动的行为。

（3）从发挥作用的方式来看，道德规范是他律和自律的统一，是内化的规范

内化的规范也称为良心，良心是人们思想、言行的标准、尺度和检查官，良心形成特定的动机、意图、目的，良心促使人去遵守社会规范。道德规范只有使人们真心诚意地接受，并内化为人的情感、信念，凝聚为人的意志，才能真正实施。而法律意义上的好公民只要行为不触犯法律就行，而不管其内在动机如何。

**3. 道德的深层本质——道德是一种实践精神**

马克思在《1857~1858年经济学手稿》中指出，人类除了用科学的方式掌握世界之外，还有"对世界的艺术的、宗教的、实践－精神的掌握的"。[①] 从道德与人自身的关系来看，道德的深层本质在于它是人类用来把握世界的实践精神。道德是一种实践精神的含义主要体现在如下两个方面。

①道德是一种精神，它属于社会意识。

②道德又是实践的。在现实社会生活中，道德以特殊方式指导人们的社会实践活动。道德调节人与人、人与社会、人与自然的关系，通过道德评价等方式指导人们的行为活动、引导人们养成良好的道德品质和

---

① 《马克思恩格斯全集》第12卷，人民出版社，1962，第750页。

社会风尚,因此它是实践的。

总之,由于道德渗透社会生活的各个方面,贯彻人类生活发展的全过程,因而对于产生它的经济基础,对于整个社会生活,道德表现出巨大能动作用:使人们从伦理关系上去认识和把握社会经济关系和其他社会关系;以伦理观念对人们的经济活动和其他社会活动施加巨大影响,调节和引导这些活动,以维持一定的社会生活秩序。

道德把握世界的特殊性表现在:

①道德从人的需要出发,从特定的价值出发来改造世界;

②道德把握世界的基本手段是评价;

③道德把握世界的目的在于增强人的主体意识和道德选择能力。

## 二 道德的特征与作用

### (一)道德的特征

#### 1. 道德具有特殊的规范性

道德与哲学、艺术、政治规范、法律规范一样,都属于上层建筑,但它与该四者有很大不同。道德与哲学、艺术相比,它们的存在方式是不同的。哲学是以范畴和普遍规律的方式存在的,艺术是以具体的形象方式存在的,而道德是以各种规范的方式存在的,它是由各种各样的规则组成的规范体系。道德与政治规范和法律规范相比,差异性更加明显。政治规范、法律规范一般是由国家制定的,由国家通过有关行政机关如检察院、法院、公安局等机构强制执行和保证实施的。道德则不同,它不是由国家强制执行的,而是运用社会舆论、传统习惯、教育和人的信念的力量发挥作用的。因此政治法律规范具有强制性,而道德不具有强制性,反而具有很大的调节性。由此可见,道德是一种特殊的行为规范。

#### 2. 道德具有渗透社会生活的广泛性

从纵向看,道德贯穿于人类社会发展的各种形态。道德萌芽于原始社会,将来国家消亡,道德不仅不会消亡,可能还要进一步加强,由阶级道德真正变成人类的共同道德。从横向看，道德存在于社会生活的各个领域、各种社会关系中。大到经济领域、政治领域、文化领域，小到衣食住行，人们都要面对各种关系，如父母与子女、丈夫与妻子、上级与下级、老师与学生、医生与患者等。在处理这些关系时，人们必须遵循一定的原则和规范，其中也有道德的问题。

### 3. 道德具有发展的历史继承性

道德与其他上层建筑一样具有发展的一面，但又有与历史相联系、固定的一面。首先，各个时代的道德有一些共同的东西，这就是在长期社会发展中形成的各个阶级都应遵守的道德准则。例如"仁""孝""廉""礼""信"等道德规范。其次，不同的社会发展时代、不同阶级之间的道德，也有一些可以继承的内容。例如岳飞"精忠报国"的爱国主义精神，包拯、海瑞、郑板桥等清官的廉洁奉公、刚正不阿的品德；范仲淹"先天下之忧而忧，后天下之乐而乐"的以天下为己任的豪迈胸怀，对现代的道德建设都有一定借鉴意义。最后，历史上一些思想家的道德修养的理论和道德实践的方法，对于后代人的道德的修养和实践有启发作用。例如孔子为教育他的弟子提出的"三人行，必有我师焉"的学习要求，曾子提出的"吾日三省吾身，为人谋而不忠乎？与朋友交而不信乎？传不习乎？"的自律要求及标准，对后人进行品德修养，仍然具有启发作用，值得有分析地继承。

### 4. 道德具有精神内容和实践内容的统一性

马克思曾把人类把握世界的方式分为四种，即科学理论的、艺术的、宗教的和实践－精神的。道德是社会意识，是一种思想关系，因此它是一种精神。但道德作为精神又不同于科学、艺术等其他精神，而是一种以指导行为为目的，以形成人们正确的行为方式为内容的精神，因此它又是实践的，道德区别于其他社会意识的根本特征就在于它是一种实践精神，道德存在于人们的意识之中，又表现在人们的现实生活之中，它通过人们处理各种复杂的社会关系表现出来，如一个道德水准高的干部决不会收受贿赂；一个有道德的人绝不会看到别人陷入困境而不尽自己所能去帮助。

5. 道德在阶级社会具有阶级性

在原始社会，人们为了生存，人们共同征服自然，人们的道德观念基本上是一致的，进入阶级社会后，统治阶级为了维护他们的统治，制定了多种规范。如政治规范、法律规范、纪律规范、经济规范、道德规范等，他们用这些规范制约人们的行为。道德就是一定社会、一定阶级的人们提出的，处理人与人、个人与社会之间各种关系的一种特殊行为规范。如农民阶级的道德观与地主阶级的道德观不同，无产阶级的道德观与资产阶级的道德观不同。

## （二）道德的类型

道德现象是人类社会所独有的现象，它渗透社会生活的每一个角落，因此它的划分与社会生活的划分基本一致。人类社会生活大致可以分为三种类型，即家庭生活、社会生活和职业生活。相应地，道德也可以分为三种类型，即家庭美德、社会公德和职业道德。同样，社会主义社会存在社会主义家庭美德、社会主义社会公德和社会主义职业道德，这就是我们通常统称的社会主义道德。

## （三）道德的作用

### 1. 道德对社会的作用

（1）一个社会的主体道德，对经济基础的形成、巩固和发展有巨大的推动作用

社会的发展是由社会的基本矛盾（即生产力和生产关系、经济基础和上层建筑）运动的结果。道德属于上层建筑，一方面，它由经济基础所决定；另一方面，它对经济基础的形成、巩固和发展产生巨大的推动作用。如建立在资本主义商品经济基础之上，要求自由、平等、博爱等道德观念，在资本主义经济关系建立过程中和形成之后，都在为资本主义的商品经济包括自由贸易、等价交换、劳动力的自由买卖大唱赞歌；同时，它又对封建社会的特权思想、等级观念、封建专制，进行激烈的批判，这些对于资本主义经济基础的形成、巩固和发展都发挥过重要作用。

（2）先进道德对于发展科学技术和社会生产力有促进作用

科学技术和社会生产力的发展，都是和人的积极性和创造性活动分不开的，积极性的高低又与道德水准的高低密不可分，道德水平高的科技工作者会以极大的热情投入工作，在业务上精益求精，只有如此，在科学上才会有新发现，技术上才会有创新，进而为社会创造无穷的财富。

（3）道德在阶级社会是阶级斗争的重要工具

不同的阶级有不同的道德观，每一阶级的道德观都是为本阶级利益服务的，在阶级社会进行阶级斗争，道德就成了对立阶级斗争的工具，如封建社会统治者宣扬忠君思想，如"君让臣死臣不得不死""普天之下莫非王土，率土之滨莫非王臣"，以此确保皇权的神圣不可侵犯。而农民则提出"等贵贱、均贫富""王侯将相宁有种乎？""普天之下皆兄弟，上帝视之皆赤子"的政治、经济主张和要求。

（4）道德对于调整人际关系、维护正常的社会秩序具有重要作用

自从有了人类社会，人与人之间便产生了各种各样的社会关系，同时也产生了各种矛盾和斗争，而道德可以对矛盾双方起到调节作用。道德告诉人们行为准则以及评判标准，人们若按统一规范去行动，人际关系就会理顺，矛盾就会减少，社会就会稳定。

### 2. 道德对个体的作用

道德的社会功能是通过人的个体功能来实现的。道德对个体来说，具有认识、调节、评价和教化的作用。正是由于这些作用，道德才能规范人的行为，调节人与人之间的关系，从而维护社会正常秩序和促进社会发展。

（1）道德的认识作用

道德就是要使人认识到个人在社会、职业和家庭中应担负的责任，也就是认识到社会、职业和家庭对个人的道德要求。人具有自然属性和社会属性，自然属性是天生的，如进食、求生、占有等欲望；社会属性则是后天的，是渐渐形成的。人需要自然属性，更需要社会属性，因为人是不可能脱离于社会存在的。如果人不对自己的自然属性加以必要的约束、克服，人的社会属性就不会形成，社会也就不会存在。要使一个

人形成社会属性，对其进行道德塑造就显得非常重要。而进行道德塑造的第一步就是要认识到社会对我们提出了哪些要求，以及要求我们在道德范围内做哪些事情等。比如，以"富强、民主、文明、和谐、自由、平等、公正、法治、爱国、敬业、诚信、友善"为主要内容的社会主义核心价值观就是社会主义道德观对我们的基本要求，体现了在科学发展观的指导下，将依法治国与以德治国有机结合起来，将经济建设、政治建设、文化建设、社会建设融为一体的我国社会主义现代化建设总体布局。

道德的认识作用还体现在对社会道德规范的认识上。社会对各种角色都有相应的系统的道德规范，如公务员有公务员的道德规范，教师有教师的道德规范，医生有医生的道德规范……任何一个人只要进入社会，成为社会的一员就必须遵守道德规范。"爱国守法、明礼诚信、团结友善、勤俭自强、敬业奉献"是《公民道德建设实施纲要》提出的我国公民的基本道德规范。社会道德规范明确了，社会公民都能够按照其要求去规范自身的角色行为，就会在进行社会行为选择时认识到对自己的要求，从而能够按社会道德规范进行道德选择和行为选择。

（2）道德的调节作用

一个人在社会的交往中，形成了多种多样的交际关系和多种多样的利益关系。怎么交往？用什么态度交往？用怎样的责任心去交往？只有通过道德调节，才能协调好各种关系，让自己的行为更符合社会道德规范。如果道德调节作用消失了，人们都按照本能去选择，按照人的自然属性去解决问题，社会就会变得一团糟，因此，人们必须按社会属性去交往，道德感就是社会属性，如果人们没有道德感，一切都依本能去选择就容易犯错误。

（3）道德的评价作用

人的社会属性要求每个人不仅要关注自我，更要关注社会。关注社会的一个很重要的方面就是要对社会上发生的各种事情进行善恶评价、道德评价。这些道德评价积累发展到一定阶段就变成道德舆论，也就是我们通常所说的社会舆论。现在，社会的一个隐患，就是人们在道德上的麻木，"事不关己，高高挂起"——对社会上违背道德规范的事情不发言，不表态，有些人甚至根本不产生道德情感，这是非常危险的趋势。我们必须对社会行为进行评价，要分清善恶，明辨是非。如果每个人都来参与道德评价，就能形成一个强大的道德舆论力量，就能使社会道德规范更为完善，也就能充分地发挥出道德的评价作用。

（4）道德的教化作用

道德是后天培养的，人的道德是可以教化的。道德可以把坏人教育好，可以把不成熟的人教育成熟，可以提升人的精神境界，可以使人的自然属性渐渐缩小和社会属性渐渐放大，可以把不文明甚至野蛮变成文明。正是基于道德的可教化性，中共中央、国务院才下发《关于加强和改进公民、大中小学生道德建设的意见》等相关文件，以期通过道德教育来形成良好的社会道德风尚，培养新时期社会主义的建设人才。

道德之所以能规范人的行为和调节人与人之间的关系，其主要原因在于道德作用的核心是利益。但是，这种利益不仅是个人利益、物质利益或经济利益，而且是多方面的利益和各种层次的利益。比如，个人利益、他人利益、整体利益、单位利益和社会利益；眼前和长远的利益；物质和精神方面的利益；有形和无形的利益；经济利益、政治利益、社会利益……不同的人有不同的利益观，有不同的利益价值判断与选择，由此区分出一般道德标准和高尚的道德情操。每时每刻都首先维护他人、整体、社会利益的人，不贪求个人利益，甚至牺牲个人利益，就是高尚的道德行为。不侵犯他人、整体和社会的利益则是对每一个公民最基本的道德要求。

### 3. 道德作用的特殊性——法与道德的关系

除道德外，法律也对人的行为起着规范作用。道德与法律是社会规范最主要的两种存在形式，但它们的作用有着明显的区别。这些区别正是道德作用的特殊性的体现。

（1）产生的条件不同

法律是在奴隶社会初期，随着私有制、阶级的出现，与国家同时产生的，它是阶级社会所特有的现象；道德的产生则与人类社会的形成同步，它存在于人类社会发展的每一个历史阶段。道德是维系一个社会的最基本的规范体系，没有道德规范，整个社会就会分崩离析。

（2）表现形式不同

法律是统治阶级通过国家制定或认可，并由国家强制力保证实施的一种行为规范。所以，任何国家只能有一个法律体系。法律体系具有明确的内容，通常要以各种文字载体的具体形式表现出来。在阶级社会里由于各个阶级的物质生活条件不同，它们的道德标准也不同，所以有多少个阶级就有多少个道德体系。道德规范的内容存在于人们的意识之中，并通过人们的言行表现出来。它可以不诉诸文字，内容比较原则、抽象、模糊。法律和统治阶级道德关系至为密切，法律是统治阶级意志的反映，法律也是统治阶级道德标准的体现，法律与统治阶级道德有着共同的阶级本质和共同的目的。

（3）调整范围不尽相同

从深度上看，道德不仅调整人们的外部行为，还调整人们的动机和内心活动，它要求人们根据高尚的意图行事，要求人们为了善而去追求善。法律尽管也考虑人们的主观过错，但如果没有违法行为存在，法律并不惩罚主观过错本身，即不存在"思想犯"；从广度上看，道德规范所调整的范围要比法律调整的范围广，由法律调整的，一般也由道德调整。法律的强制力量不可能消除所有社会生活中的消极现象。有些大家公认的不道德言行，或者有悖于传统习惯和公众舆论的坏事，不可能全部用法律、法规来解决。法律、规章制度的作用范围是有限的，而道德力量却能管到法律管不到的地方。从这个意义上来说，道德的作用范围十分广泛，它几乎无处不在，并长期起作用。例如，一个讲道德的人背着别人做了不道德的事情，他在良心上就感到内疚与压力，道德的影子始终跟随着他。这就是道德规范不可替代的作用。

（4）作用机制不同

法律是由国家凭借强制力量来实施的，其对人行为的规范制约主要来自社会制约（虽然个人为了避免犯罪也会自我制约）；道德则是通过社会的舆论、风俗习惯、个人良心、自省、教育等方式发挥制约规范作用的。也就是说，道德的制约是两维的，包括社会制约和个人的自我制约。良心、自省是一种自我制约。具有一定道德修养的人不仅能够自我制约，而且自我制约会在社会制约下不断加强，人的道德水平和道德追求会不断提升，这是一种精神的力量。可见，道德制约有很强的精神作用。单就这一点来看，道德作用就是一种更高层次的制约。

（5）基本内容不同

法律是以权利义务为内容的，一般要求权利义务对等，没有无权利的义务，也没有无义务的权利。而道德一般只规定了义务，并不要求对等的权利。比如说，面对一个落水者，道德要求你有救人的义务，却未赋予你向其索要报酬的权利。向被救起的落水者索要报酬往往被视为不道德。

（6）衡量标准不同

法律标准是基础性的，而道德标准虽然是多层次的，但一般来说更强调高尚性。因此，法律规范的是人的行为底线，是人的行为的最低标准；而道德规范标准要高于法律，高尚的道德标准是人类追求的一种精神境界。

因此，道德不仅是社会共同享有的价值评价准则和维系社会公共生活的普遍的道德规范，还是个人特殊的价值观念、道德意识、道德情感、道德价值实现活动和道德品质的表现，或者说是一个人对个人生活意义的价值选择和对精神品质的追求。这种追求会表现为人的道德自律，也就是对自己行为的约束。因此，良好的道德素质和较高文化修养往往是个人实现自我价值、提高精神品质、追求美好生活的一种存在方式。

## 第二节　职业道德

职业道德是整个社会道德体系中的一个不可缺少的重要组成部分，它关系各行各业的兴旺发达和每个社会成员的切身利益，关系整个社会的道德风尚。提倡职业道德，不但可以使人们认识到自己在社会职业活动中应该承担的责任与义务，应该遵守的道德规范或准则，而且还有利于提高人们的道德觉悟，激发社会各行各业人们的劳动积极性和创造性，在现实的社会活动中完善个人，实现个人的人生价值。

### 一　职业道德的发展历程

#### （一）职业与职业道德

所谓职业，就是人们在社会生活中对社会所承担的一定职责和所从事的专门业务，并以此作为主要生活来源和谋生手段的一种社会活动。也就是说，根据社会分工，每个有劳动能力的人总是在一定的行业中承担一定的职责，从事某项专门的工作或劳动，以获得一定劳动报酬（成果），为自己生存和发展提供保障。个人既可以借助其所从事的职业为社会奉献自己的一分力量，又可以从社会获得一份供给，以维持个人和家庭的生存和发展。

职业是一个历史范畴，是社会分工的产物。自从原始社会后期相继出现畜牧业、农业和手工业的大分工以来，随着经济发展，社会生活的需要，人类社会职业生活的发展就日趋多样化。经过无数次的分化、组合,现代社会名目繁多的职业和行业就形成了。在我国历史上第一次对人的劳动进行职业分类是在春秋时期,当时的管仲提出了有名的"四民分业定居论",即把劳动群众分成"士农工商"四大集团。在后来封建社会中,随着生产的不断发展,社会分工越来越细,职业分类也越来越多,便有了"三十六行""七十二行""三百六十行"之说。新中国成立后,我国对职业的分类越来越精细化。2015年新修订的《中华人民共和国职业分类大典》,将我国职业分为八大类75个中类434个小类1481个职业。八大类分别是:第一大类,国家机关、党群组织、企业、事业单位负责人;第二大类,专业技术人员;第三大类,办事人员和有关人员;第四大类,商业、服务业人员;第五大类,农、林、牧、渔、水利业生产人员;第六大类,生产、运输设备操作人员及有关人员;第七大类,军人;第八大类,不便分类的其他从业者。现代社会分工精细的众多职业,在经济、政治、科学、教育和文化艺术等各个领域,形成了错综复杂的职业关系。

职业关系是通过职业联系起来的人与人的关系,它是社会关系的特殊表现,它对人们的道德意识和道德行为,对整个社会的道德习俗和道德传统,有着重大影响。这种影响可以归纳为三个方面:第一,从事不同职业的人对社会所承担的不同职责,直接影响着他们对生活目标的确立和对生活道路的选择,形成不同的职业理想,并因此而不同程度地影响着他们的人生观和道德理想;第二,不同职业或行业的不同利益和地位、不同的权利和义务,直接影响着人们的道德观念和评价社会行为的道德标准,形成特殊的道德习惯和传统;第三,各种职业的对象、活动条件和生活方式的特殊性,也直接影响着人们的兴趣、爱好、情操,形成人们的特殊品格和作风,甚至决定人们行为发展的特殊方向。

职业道德是一般道德在职业行为中的反映,是道德的一个特殊领域,是社会分工的产物。所谓职业道德,通常是指同人们的职业活动紧密联系的符合职业特点要求的道德准则、道德情操与道德品质的总和,它既是本职人员在职业活动中(或工作岗位上)的行为标准和要求,同时又是职业对社会所负的道德责任与义务，如医务工作者道德、教育工作者道德、商业道德等。职业道德是一种内在的、非强制性的约束机制，一方面调整行业内部人与人之间的关系，要求每个从业者遵守职业道德准则，做好本职工作；另一方面，职业道德也能调节本行业从业者同其他行业从业者及社会上其他人之间的关系，以树立和维护良好的职业形象。人们在从事某种职业的工作岗位上，都要待人、接物和处事，这就要求人们在自己的职业活动中，明确哪些应当做，哪些不应当做，怎样做是道德的，怎样做是缺德的。

职业道德是适应职业生活需要而产生的，是社会分工的产物。一个社会有多少个职业，就有多少种职业道德。千差万别的职业生活更直接、更具体地反映的一定社会和一定阶级的道德要求和道德面貌，形成一般社会道德存在的特殊形式和发展的特殊方向，形成各种类型互相区别的与各自的职业或行业相适应的道德要求、道德规范、道德信念与道德理想。正如恩格斯所说："实际上，每一个阶级，甚至每一个行业，都各有各的道德。"[①] 一般说来每一种职业道德只能约束从事该行业的人员，此外，由于人们在职业生活中所处职务（或者岗位）的不同，相应的道德要求也有很大的差别。因此，每一种职业道德，都只能在特定的范围内起作用。职业道德是在职业生活中形成的行为规范，它指导人们在各自的职业领域内不断追求、不断进取、不断完善。

## （二）职业道德的发展历程

职业道德作为一种社会现象，是一个历史范畴，其形成和发展经历了一个漫长的历史过程。从历史上看，职业道德是伴随着社会各种不同职业的出现而产生的；而各种不同职业的出现，又是社会分工及其发展的结果。

### 1. 奴隶社会——职业道德开始萌芽

在原始社会，有原始社会的道德，却没有职业道德，其原因在于那

---

[①] 《马克思恩格斯选集》第4卷，人民出版社，2009，第294页。

时只有按性别的自然分工,没有社会分工,也没有职业的区别。

随着生产力的发展,奴隶社会出现了最初的社会大分工,农业、畜牧业和手工业成为社会上单独的生产部门,成为专门的"职业",同时,私有制和国家也陆续出现,不仅在生产领域,而且在国家的政治生活和意识形态领域,也都有专门的人从事这些活动,这些部门也就成为各种不同的"职业"。需要指出的是,在奴隶社会的早期,由于生产力发展水平低,这些职业的分工是和阶级的划分密切相关的,剥削阶级专门从事国家政治生活管理和意识形态等领域所谓高贵的"职业",而物质生产等所谓卑下的"职业"则完全由被剥削阶级来承担。

**2. 封建社会——职业道德缓慢发展**

到了封建社会,随着自然经济的缓慢发展,城乡手工业、医疗、教育、军事、政治和商业等都有了很大进步,形成了比较稳定的几种职业,如政府官吏、军人、教师、医生、农民、手工业者和商人等。与此相适应,职业道德的内容和规范也得到了同步的发展。在我国漫长的封建社会里,各种职业道德也都有较大的发展。以医德为例,成书于战国时期的《黄帝内经》就有"疏五过""征四失"的篇章,专门记述医生职业的道德要求。其他职业道德,如官吏道德、教师道德、商业道德等,也都发展到了相当完备的形态。但是在封建社会里,由于自然经济的束缚和封建等级制度的压迫,职业分工和职业道德并没有获得充分的发展,职业道德在封建社会缓慢发展。

**3. 资本主义社会——职业道德迅速发展**

到了资本主义社会,由于生产力的发展,特别是随着科学技术的突飞猛进,各种社会分工越来越细,社会职业也是种类繁多,出现了几百种以至上千种的职业或行业,人们通过职业而产生的交往和联系,也日益频繁,因而作为人们职业行为规范的职业道德,在资本主义社会得到了空前的发展。在资本主义社会,不仅原有的一些职业道德,如医生道德、商业道德、教师道德等得到了进一步的完善和发展,而且还新增加和发展了许多新的职业道德,如科学道德、律师道德、新闻道德、演员道德等。随着职业道德的不断发展,出现了各种职业伦理学，诸如律师伦理学、教师伦理学等。这些职业伦理学系统阐述了各种职业的特殊道德要求，以指导从事各种职业的人们认识自己的特定职责和义务，明确自己应该遵循的特殊的行为规范。这对于发展资本主义生产，促进资本主义社会的安定，巩固资产阶级的统治发挥了重大作用。在一定意义上可以说，只有到了资本主义社会，职业道德才形成了一个独立的体系，成为整个社会道德的一个有机组成部分。但是，资本主义社会的职业道德是建立在私有制经济基础之上的，受剥削阶级的思想道德影响，被打上了个人主义、利己主义的烙印，具有很大的局限性。

**4. 社会主义社会——职业道德充分发展**

在社会主义社会，由于实现了生产资料的公有制，人与人之间的关系，不再是剥削与被剥削、雇用与被雇用的职业关系，从事不同的职业活动，只是社会分工不同，而没有高低贵贱的区别，每个职业工作者都是平等的劳动者，不同职业之间是相互服务的关系。每个职业活动都是社会主义事业的一个组成部分。各种职业的职业利益同整个社会的利益，从根本上说是一致的。各行各业共同遵循为人民服务的道德原则，成为社会主义和共产主义道德体系的重要组成部分。因此，社会主义社会的职业道德，比旧社会的职业道德有了更大的发展，这是以私有制为基础的社会的职业道德难以实现的。

可见，随着人类社会分工的出现和发展，职业道德经历了从无到有、从简到繁、从粗到细的过程，其发展趋势是积极向上的和不断完善的。历史上形成的各种职业道德是人类精神文明的重要成果。当然，在私有制社会里，一般说来各种职业道德都是从属于剥削阶级道德体系的，其中难免有许多糟粕性的东西存在，但它们中间的合理的有价值的内容在职业生活中，在调整个人与他人、个人与社会之间的相互关系中，往往起着一种特殊的积极作用。比如，任何社会的任何一种职业道德都要求人们忠于职守，对自己本行业的工作精益求精等。总之，我们对历史上形成的各种职业道德，必须采取批判、继承的态度，吸收和借鉴它们当中有价值的东西，用以充实和丰富社会主义职业道德。

## 二 职业道德的基本特征

职业道德由于同人们的职业生活相联系，因此它具有不同于一般社会道德和阶级道德的某些特征。如果我们把各种职业道德归纳起来加以综合，则主要具有以下三个方面的基本特点。

第一，范围上的有限性。职业道德是在职业生活中形成的行为规范，它的适用范围不是普遍的，而是特殊的、有限的；它不是反映社会的一般利益和要求而是反映本职业或行业的特殊的利益和要求，因而它往往表现为某一职业特有的道德传统和道德习惯，表现为从事某一职业的人们特有的道德准则和道德品质。例如，教育工作者道德主要是教书育人，为人师表；商业道德则是诚信公平，周到细致等。职业道德，它只对从事本职业的人们适用，只能约束从事该职业的人员，并只在特定的职业范围内起作用，对从事其他职业的人们往往没什么约束力。例如，医务工作者职业道德要求医务人员救死扶伤，治病救人，而对于不擅长医术，从事其他职业的人们，就不能提这样的要求。此外，每一种职业道德只表现在走上社会开始工作的成人的意识与行为中，而不是表现在儿童和未走上工作岗位的青少年的意识与行为中。

第二，内容上的稳定性和连续性。任何一种职业都是在历史上逐渐形成的，都经历了一个漫长的发展过程。一些古老的行业，如农业、手工业、商业等都有几千年的发展历史，即便是现代工业所形成的一系列职业也都有几百年的历史。人们在长期的职业实践活动和职业生活中形成了特有的职业兴趣、爱好、情操和作风，形成了世代相传和沿袭的职业习惯和职业心理。在这个基础上产生的职业道德，就具有一定的稳定性和连续性，一些职业道德的规范世代相传，内容不断充实完善。例如，从古希腊奴隶社会的著名医生波希克拉底，到我国封建社会的唐代名医孙思邈，再到现代世界医生联合会所制定的《日内瓦合约》，都主张医务工作者要对病人一视同仁、救死扶伤。虽然各时代的道德具体内容有所不同，但有一些基本内容是有继承性和连续性的，因而是相对固定的。

第三，形式上的多样性。职业道德的形式因行业的不同而异。在形式方面，特别是职业道德行为准则的表达形式方面，往往是比较具体、灵活、多样。各种职业对本行业的人们的道德要求，总是从本职活动和交往的内容、方式出发，适应本职业活动的客观环境和具体条件，因而往往不仅是原则性的规定，而且是很具体的。在表现形式上，职业道德往往比较具体、灵活、多样。它总是从本职业的交流活动的实际出发，采用制度、守则、公约、承诺、誓言、条例，以至标语口号之类的形式，这些灵活的形式既易于为本行业的人们所接受和遵守，又有助于人们形成本行业所要求的一种良好的职业道德习惯。

此外，从内容的展现来看，职业道德总是要鲜明地表达职业义务、职业责任以及职业行为上的道德准则。它不是一般地反映社会道德和阶级道德的要求，而是要反映职业、行业以至产业特殊利益的要求；它不是在一般意义上的在社会实践基础上形成的，而是在特定的职业实践的基础上形成的，因而它往往表现为某一职业特有的道德传统和道德习惯，表现为从事某一职业的人们所特有的道德心理和道德品质。

从调节的范围来看，职业道德一方面是用来调节从业者内部关系，加强职业、行业内部人员的凝聚力；另一方面，它也是用来调节从业者与其服务对象之间的关系，用来塑造本职业从业者的形象。

从产生的效果来看，职业道德与各种职业要求和职业生活结合，形成比较稳定的职业心理和职业习惯。职业道德是同人们的社会分工、职业活动紧密联系的，具有自身特征的道德准则和规范，它是职业或行业范围内的特殊的道德要求。

由于职业道德具有这些特点，所以它能够对人们的行为产生经常的、深刻的、具体的影响，形成强大的道德力量，促进各项事业的发展。

但是，职业道德绝不是独立存在的道德类型。在阶级社会里，任何道德都带有阶级的烙印，职业道德也不例外，它始终要受阶级道德的制约和影响，任何一种职业道德，都在不同程度上体现着一定阶级的道德要求，它不能脱离阶级道德的制约影响而存在；同样，阶级的道德也或多或少并间接地通过职业道德的形式表现出来。

## 三 职业道德的主要作用

职业道德是社会道德体系的重要组成部分，在社会生活中有着十分重要的积极作用。它一方面具有社会道德的一般作用，另一方面具有其自身的特殊作用。

### （一）职业道德是调节职业交往各种关系的关键纽带

职业道德的基本职能是调节职能。它一方面可以调节从业人员内部的关系，即运用职业道德规范约束职业内部人员的行为，促进职业内部人员的团结与合作。如职业道德规范要求各行各业的从业者，都要团结、互助、爱岗、敬业，齐心协力地为发展本行业、本职业服务。另一方面，职业道德又可以调节从业人员和服务对象之间的关系。如职业道德规定了制造产品的工人要怎样对用户负责；营销人员怎样对顾客负责；医生怎样对病人负责；教师怎样对学生负责；等等。

此外，职业道德一方面涉及每个从业人员如何对待职业，如何对待工作，同时也是一个从业人员的生活态度、价值观念的表现；是一个人的道德意识、道德行为发展的成熟阶段，具有较强的稳定性和连续性。另一方面，职业道德也是一个职业集体，甚至一个行业全体人员的行为表现。一个行业（或企业）的信誉，也就是它们的形象、信用和声誉，是指一个行业（或企业）及其产品与服务在社会公众中的信任程度，提高该行业（或企业）的信誉主要靠产品的质量和服务质量，而从业人员职业道德水平高是产品质量和服务质量的有效保证。如果每个企业，每个职业集体都具备优良的道德，就有益于生产出优质的产品或提供优质的服务，进而促进一个行业的可持续发展。

### （二）职业道德是推动社会物质文明建设的重要力量

各行各业工作的好坏，都直接或间接地影响着社会物质文明建设的进展。在保证人们自觉做好本职工作，为社会的物质文明建设尽职尽力的过程中，职业道德起着特殊的、重要的推动作用。职业道德共同的基本要求是忠于职守。当人们确立了相应的职业道德观念，并将它变成自己的信念、良心、义务和荣誉感，形成高度的思想觉悟和精神境界时，就能正确地认识和处理个人与他人、个人与社会、本行业与其他行业之间的利益关系，在自己的岗位上尽职尽力地工作，从而在物质文明建设中充分发挥自己的积极性和创造性。那么这样的国家和民族的经济建设就可能蓬勃发展起来。相反，如果人们的职业道德观念淡薄或根本不讲职业道德，不尽职尽力地履行自己应尽的职责，势必影响物质文明建设的发展。

### （三）职业道德是形成良好社会道德风尚的重要因素

社会风尚是人们精神面貌的综合反映。职业道德要求人们在从事职业活动时，讲道德，讲人际关系和谐，强调履行自己应尽的职业义务。各种职业或行业都有自己特殊的权利和义务。如果人们有高尚的职业道德，能够较正确地认识和使用自己的权利，履行自己的职业义务，能遵循自己的职业道德规范，那么就可能在从事职业活动的同时，形成一种良好的社会关系和社会风尚。相反，如果人们没有职业道德，就可能在从事职业活动当中出现不负责任、弄虚作假、欺世盗名以及尔虞我诈等种种不良风气，并进而影响整个社会风尚。当然，在阶级社会里，社会风尚归根到底是由经济关系决定的，但是职业道德对社会风尚的作用也是不能抹杀的。

### （四）职业道德是促使人们不断自我完善的重要手段

一个人是否可以成才，能否对社会做出贡献，主要依靠在职业生活的实践中学习和锻炼。职业道德是人们职业生活的指南，它对人们的思想和行为发生深刻的、经常的影响。它规定具体职业的社会责任，指导人们在具体的职业岗位上，确立具体的生活目标，选择具体的生活道路，形成具体的人生观和职业理想，养成具体的道德品质。历史和现实生活告诉人们，一个人能否成才，常常不在于他是否具有优越的客观条件，而在于他是否真正具备高尚的道德品质。职业生活中的失职、利己、怯懦、傲慢、虚伪、狭隘、虚荣、嫉妒等不良品质，往往使人碌碌无为、一事无成或走入迷途以至身败名裂，而职业生活中的忠于职守、无私、勇敢、诚实、谦虚、顽强、坚定等优良品质，则使人在成才与事业的道路上不断前进，取得成功。可见，一个人在职业生活中学习、培养和锻炼各种优良品质，形成高尚的职业理想和情操，无论对社会，还是对个人都具有十分重要的意义。

## 第三节　社会主义职业道德

社会主义职业道德是社会主义社会各行各业的从业者在职业活动中必须共同遵守的基本行为准则。它是建立在社会主义公有制基础上的，在内容特征上，它与以往任何旧的职业道德有着根本的区别，有着自身的特点。它不是凭空产生的，而是在继承以往优秀职业道德的基础上发展起来的。社会主义职业道德是判断人们职业行为优劣的具体标准，也是社会主义道德在职业生活中的反映。

《中共中央关于加强社会主义精神文明建设若干重要问题的决议》规定了我们今天各行各业都应共同遵守的职业道德的五项基本规范，即"爱岗敬业、诚实守信、办事公道、服务群众、奉献社会"。其中，为人民服务是社会主义职业道德的核心规范，它是贯穿于全社会共同的职业道德之中的基本精神。社会主义职业道德的基本原则是集体主义。因为集体主义贯穿于社会主义职业道德规范的始终，是正确处理国家、集体、个人关系的最根本的准则，也是衡量个人职业行为和职业品质的基本准则，是社会主义社会的客观要求，是社会主义职业活动获得成功的保证。

### 一　社会主义职业道德的基本特征

社会主义职业道德是适应社会主义物质文明和精神文明建设的需要而产生的，它是共产主义道德体系的重要组成部分，是在共产主义道德原则的指导下，在批判继承传统职业道德的基础上发展起来的。社会主义职业道德是人类历史上一种新型的职业道德，它是社会主义社会各行各业的劳动者在职业活动中必须共同遵守的基本行为准则，是判断人们职业行为优劣的具体标准，是社会主义道德在职业生活中的反映。与传统的职业道德相比，社会主义职业道德有着自身鲜明的特征。

### （一）继承性和创造性相统一

社会主义制度虽然是历史上最新型、最先进的制度，但反映社会主义生产关系的职业道德，不是无源之水、无本之木。一方面，它在继承传统优秀道德的基础上，根据时代发展的要求和社会主义制度的特征，对传统职业道德进行调整，赋予它新的内涵；另一方面，根据社会主义生产方式的要求，它也提出了新的职业道德要求，如全心全意为人民服务等。因此，社会主义职业道德反映了继承性和创造性的统一。

### （二）阶级性和人民性相统一

社会主义职业道德具有鲜明的阶级性，其根本目的和任务在于反映无产阶级和广大人民群众的根本利益，维护无产阶级和广大人民群众的政治统治地位。在社会主义初级阶段，社会主义虽然从根本上消灭了剥削阶级和剥削制度，但其他非公有制成分将长期存在，因此社会主义职业道德这种鲜明的阶级性也必然会长期存在。同时，社会主义是为绝大多数人谋利益的，因此，它反映和体现的是全体人民的利益和意志，所有的社会团体和职业集体有一个共同的目标，就是要把我国建设成为具有高度物质文明和精神文明的社会主义现代化强国。因此，社会主义的职业道德是阶级性和人民性的统一。

### （三）先进性和广泛性相统一

社会主义职业道德反映了工人阶级与广大人民群众的利益和要求，因而具有先进性。社会主义职业道德的先进性主要表现为：它是迄今为止人类社会最先进社会经济关系的反映；它以马克思主义为指导，批判地吸收了人类历史上职业道德的优良传统，从我国的政治、经济、文化、公民受到的教育程度和基本道德观念等方面的实际情况出发，体现着由高到低的不同层次。社会主义职业道德虽然具有先进性的特征，但也有广泛性要求，即要与现阶段经济、社会发展相适应，为广大人民群众、社会各阶层所普遍接受，达到团结和引导亿万人民积极向上、不断提高全民族的思想道德水平的目的。为人民服务作为社会主义道德建设的核心，体现了社会主义道德建设的先进性要求和广泛性要求的统一。

### （四）多样性和层次性相统一

社会主义职业道德是具有相对独立性的规范体系，社会主义职业道德是共产主义道德在职业生活中的表现。在社会主义社会里，各种职业道德都是同总的道德体系密切统一的，它们分别以适用于本职业的更具体化的形式体现共产主义道德的基本原则和规范的要求。此外，各种不同的职业，对从业者不仅有职业上的特殊要求，而且在道德上也有许多特殊要求。这种特殊的道德要求，不能由道德的基本原则和规范代替，必须在共产主义道德的基本原则和规范的指导下，建立一些具体的职业道德规范，包括发展某些特殊职业所流传的风俗习惯，作为共产主义道德规范和原则的具体化和补充。这里体现着社会主义时期共产主义道德的多样性和规范的层次性。没有这种多样性和层次性，共产主义道德的作用就不能在社会主义的社会生活和职业活动中得到生动的体现和有效的发挥。

## 二 社会主义职业道德的基本原则

原则是指人们说话、行事所依据的准则或标准，带有根本性，具有全局统率、指导作用和对是非进行判断的标准作用。社会主义社会职业道德的上述基本特征，决定了它的基本原则和规范。

社会主义经济中的国家、集体、个人的根本利益尽管是一致的，但也不可避免地存在着矛盾。这是因为，首先在一定时期内的社会财富总是一个既定的量，如果归国家和集体支配的部分多了，归劳动者个人支配、用于满足劳动者当前个人需要的部分就会相应地减少；反之，如果归劳动者个人支配的部分多了，归国家和集体支配的部分就会减少。同样，国家和集体之间也存在着这种相互制约的关系。因此这里掌握适度是非常重要的，如果掌握不好就会产生矛盾。其次，掌握生产自主权、承担经济责任和享有经济权利的企业，往往会自觉不自觉地着眼于市场的需要、行情的变化去安排生产，给生产带来一定的盲目性；承包经营责任制的推行，容易引发企业的短期行为，往往只顾及本单位企业的经济利益。再次，作为劳动者个人，也往往容易仅从个人的物质利益出发，利多的多干，利少的少干，没利的不干，按劳付酬，甚至出工不出力，这必然要损害集体和国家的利益。最后，企业与企业之间、个人与个人之间，也存在着分配不公等利益矛盾。有矛盾就需要调节，社会主义的经济，要求把各种利益关系调节到以社会整体利益为基础，国家、集体、个人三者利益相互结合、协调发展的秩序范围之内。除社会主义的各种法律、法规外，职业道德是不可缺少的调节手段。社会主义职业道德的基本功能就在于通过一系列的道德规范要求，促使从业者形成忠于职守的事业心和责任感，自觉认识国家、集体、个人利益的一致性，树立高度的为人民服务的主人翁精神，从而保障国家、集体、个人利益的全面协调发展。因此，社会主义职业道德是社会主义各种物质利益关系不可缺少的调节手段。

作为社会主义物质利益关系调节手段的职业道德，它的基本原则应当集中反映出社会主义物质利益规律，而这一原则必然是社会主义集体主义原则。社会主义集体主义原则的基本内容是：从全国人民的长远利益、根本利益出发，坚持国家利益高于集体利益和个人利益，在保证国家利益的前提下，应当充分尊重和保护集体利益，兼顾并重视正当的个人利益；在发展集体利益和谋求个人利益时，要充分考虑到国家利益，不准损害国家利益；在两者发生矛盾时，个人利益必须服从集体利益和国家利益。集体主义原则既体现了共产主义道德的基本要求，又具有我国社会主义初级阶段的社会生活特征，在本质上是对社会主义物质利益关系的正确反映。因而，它是社会主义职业道德应当遵循的最根本的原则。集体主义原则在职业生活中的基本要求大体可分为两个层次：一是要求社会成员充分认识到，国家、集体的利益是个人利益的源泉和保障，只有进行诚实劳动，为国家和集体创造尽量多的财富，个人的利益才能得到实现和发展；二是当国家和集体暂时还不能满足个人的物质利益需要时，应坚持克己奉公甚至自觉做出某种牺牲，以正确处理这一矛盾。集体主义原则十分强调国家、社会整体的利益，但绝不是不关心甚至不要个人利益，而正是要把劳动者对自己利益的关心，引导到对国家、集体利益关心的一致轨道上来，使二者相辅相成，共同发展。正如列宁指出，"必须把国民经济的一切大部门建立在个人利益的关心上面"[1]，因此，集体主义原则，必然包含着社会整体应当承认、关心并努力创造条件发展劳动者正当的个人利益的内容，它是社会主义社会物质利益规律的具体反映和体现。斯大林曾经说过，"如果以为社会主义能够在贫穷的基础上，在缩减个人需要和把人们生活水平降低到穷人生活水平的基础上建成，那就愚蠢了，任何穷人自己也不愿意再做穷人，而是力求往高处走，过富裕生活的。谁需要这种所谓的社会主义呢？这并不是什么社会主义，而是对社会主义的讽刺"[2]。

在我国社会主义市场经济不断发展的今天，各行各业的行为规范各有差别。但集体主义的确是各个职业领域所必须贯彻的职业道德基本原则。因为集体是由一定的权利义务关系和组织系统联系起来的各种社会共同体。共同的利益、共同的组织、共同的目标是构成集体的三大要素。集体主义原则是正确处理从业者个人与集体之间利益关系的核心原则。

社会主义职业道德的基本原则是集体主义原则，这是社会主义政治、经济和文化建设的必然要求。在社会主义社会，人民当家做主，国家利益、集体利益和个人利益在根本上是一致的。贯彻集体主义基本原则，就是要把集体主义的精神渗入社会生产和生活的各个层面，引导人们正确认识和处理国家、集体、个人的利益关系，提倡个人利益服从集体利益、局部利益服从整体利益、当前利益服从长远利益，反对小团体主义、

---

[1] 《列宁全集》第33卷，人民出版社，1957，第51页。
[2] 《斯大林选集》下卷，人民出版社，1979，第338~339页。

本位主义和损人利己、损公肥私，主张把个人理想与奋斗融入广大人民的共同理想与奋斗之中。总之，我们在职业生活中必须坚持集体主义，反对个人主义。根据这一基本原则，要求社会各行各业的人们在各自的工作实践中做到忠于职守，勤勤恳恳工作，全心全意为人民服务，为人民谋利益。社会主义社会的各行各业都是现代化建设的一个有机组成部分，各行各业工作的好坏都关系整个建设事业的成败。同时，各行各业的职业道德都有一个共同的基本要求，就是从事各种职业的人们要努力工作，树立高度的责任心，充分发挥自己的聪明才智，为社会为人民做出贡献。

社会主义职业道德的核心规范是全心全意为人民服务。社会主义的职业道德，是建立在社会主义公有制基础上的。社会主义社会消除了人与人之间剥削与被剥削的关系，抛弃了"人人为自己，上帝为大家"的利己主义原则，从而建立了人与人之间同志式的互助合作的新型关系。在社会主义社会里，各种职业都是整个社会主义事业的一个有机组成部分，因此，各行各业可以形成共同的道德要求，其核心就是全心全意为人民服务。在社会主义社会里，对于从事各种职业的人来说，都应该把为人民服务作为职业工作的出发点。例如，社会主义商业道德，强调商业人员要诚信无欺，对顾客主动、热情、耐心、周到，想顾客之所想，急顾客之所急等。所有这一切，绝不只是为了狭隘的职业利益或个人的荣誉，而是为了满足顾客需求，推动生产发展，拉动经济繁荣，即为了人民群众的利益。简单来说，社会主义职业道德把从事各种职业的人们的利益同广大人民群众的利益有机统一起来，使职业道德服从人民群众的利益，由此便构成了它区别于以往各种职业道德的本质特征，也使之能够在调整人与人之间关系上发挥历史上前所未有的重要作用。

社会主义职业道德的中心任务是树立主人翁的劳动态度。在社会主义条件下，职业集体内部个人利益和集体利益是根本一致的，集体利益就包含着每个从业者的个人利益。不论集体利益或个人利益的发展，都取决于全体从业者劳动和工作的状况。因此，社会主义职业道德在调节职业集体内部的关系时，虽然包括解决某些与利益相关的问题，但更重要的是培养人们主人翁的劳动态度。在社会主义社会，由于劳动者是国家的主人，职业劳动者的劳动态度便成为衡量其职业道德的重要尺度。其中，共产主义劳动态度是社会主义职业道德的最高表现，主动、积极、负责、奉献、坚持，不贪图名利、不计较得失，全身心地投入工作，全力以赴地完成任务，以"怎样才能更好，怎样才能更快"的标准处理每一个工作细节，这是主人翁精神下劳动态度的一般要求。树立主人翁的劳动态度，是社会主义职业道德最重要的中心任务。

## 三　社会主义职业道德的基本规范

《中共中央关于加强社会主义精神文明建设若干重要问题的决议》规定，当今各行各业的从业者都应遵守的五项职业道德基本规范——爱岗敬业、诚实守信、办事公道、服务群众、奉献社会。这五项基本规范是社会各行各业践行社会主义职业道德的本质要求，具有鲜明的时代特征，"爱"与"责任"是贯穿其中的核心和灵魂。

社会主义职业道德规范体系的核心主体部分包括三个层次。

第一层次是各行各业都具有职业道德的要求，它所强调的具体职业规范特点显著，并且带有明显的可操作性和历史继承性。它只适用于本行业、本企业、本部门内部。这一层次的具体规范十分庞杂，只能由各行各业、各单位自己去制定。

第二层次是各行各业共同遵守的五项基本规范，即爱岗敬业、诚实守信、办事公道、服务群众、奉献社会。该五项基本规范虽然不具有具体职业的特点，但它是介于社会主义职业道德核心规范与具体行业道德规范之间的职业行为准则。它既概括了各行各业职业道德的共同特点，同时也是对各行各业提出共同要求。它所反映的是社会的公共利益，而不是各行各业从业者的自身利益，它是为人民服务核心规范的具体化。

第三层次是最高层次上的社会主义职业道德的核心规范——为人民服务。它是从业者在进行具体职业活动中应该遵守的最根本准则，是进行职业活动的根本指导思想。它既是每一项职业活动的出发点，也是每一项职业活动的落脚点。

社会主义职业道德规范体系的核心内容主要体现在以下几个方面。

## （一）爱岗敬业

爱岗敬业作为最基本的职业道德规范，是对人们工作态度的一种普遍要求。爱岗：是指热爱自己的工作岗位，热爱本职工作；敬业：是指要用一种恭敬严肃的态度对待自己的工作，表现为对本职工作的专心、认真、负责。爱岗敬业：是指从业者在特定的社会形态中，尽职尽责、一丝不苟地履行自己所从事的社会事务，以及在职业生活中表现出来的兢兢业业、埋头苦干、任劳任怨的强烈事业心和忘我精神。

爱岗敬业是对各行各业从业人员最普通、最基本的要求，是为人民服务和集体主义精神的具体体现，是职业道德基本规范的核心和基础。没有对岗位工作的爱心、缺乏对岗位工作的珍惜，从业者的岗位责任就无从谈起，也就做不好本职工作。要像热爱生命一样热爱工作，选择你所爱的，爱你所选择的。工作其实就像座煤山，热情就是火种。用热情去点燃这座煤山，工作就会燃烧起来，并释放出巨大的能量。保持热情的工作态度是做好任何事情的必要条件。

爱岗敬业必须树立正确的职业态度。职业态度就是劳动态度，它是各行各业的劳动者对社会、对其他劳动者履行各种劳动义务的基础。

爱岗敬业必须树立正确的职业理想。职业理想贯穿于职业活动实践的始终，它决定着从业者的基本劳动态度。社会主义职业道德所提倡的职业理想以为人民服务为核心，以集体主义为原则，热爱本职工作，兢兢业业干好本职工作。

爱岗敬业必须不断提高职业技能。职业技能不仅能在人们确立职业态度、明确职业理想的过程中起到积极作用，而且也是从业者职业理想付诸实现的重要保障。

爱岗敬业必须自觉遵守职业纪律。职业纪律是调整职业实践的行为方式，保证行业内部行为一致并履行自己业已确定的职业道德规范的一种条件机制，它兼有法制、行政规范强制性和道德规范感召性的双重特征，是在社会主义条件下为完善各行各业的科学管理所提倡的职业道德，并最终扩展到全社会，是实现由法制调节过渡到道德调节的必要环节。

遵纪守法是爱岗敬业的基础，爱岗敬业是遵纪守法在职业生涯中个人能力素质的客观反映。有的从业者能够做到遵纪守法，但对本职工作却存在消极的态度，工作懒散懈怠，总认为自己收入太少，待遇太低，自己的付出和回报不成正比。这些人虽然是守法公民，却很难被认定为一个合格的从业者。有的从业者，职业技能熟练，工作十分投入，虽然能够尽职尽责地完成岗位任务，但对职业纪律不置可否，缺乏应有的法制观念，这样就会出现严重违纪或违法行为，这样的从业者也很难说是合格的从业者。

## （二）诚实守信

诚实守信是各行各业的行为准则，也是做人做事的基本准则。诚实守信作为社会主义职业道德的基本规范之一，是社会发展的必然要求。诚实：是指外在言行与内心思想的一致性，即不弄虚作假、不欺上瞒下，言行一致、表里如一，做老实人、说老实话、办老实事。守信：是指遵守诺言、讲求信誉，注重信用，忠实地履行自己应当承担的责任和义务。诚实和守信二者是紧密联系在一起的。诚实中蕴含着守信的要求，守信中包含着诚实的内涵。诚实守信不仅是个人安身立命的基础，也是企业赖以生存和发展的基础，更是社会主义市场经济发展的内在要求。诚实守信的具体体现：诚实劳动，遵守合同和契约，维护单位的信誉，保守单位秘密。

人无信不立，商无信不兴。诚信自古以来就是立人之本，成事之本，立业之本，治国之本。诚，就是真实不欺，尤其是不自欺，主要是个人的内在品德；信，就是真心实意地遵守履行诺言，特别是注意不欺人，它主要是处理人际关系的准则和行为。诚实守信作为一种职业道德就是指真实无欺、信守承诺和契约的品德和行为。

人的一生，一是学做人，会做人；二是学做事，会做事。而无论是做人还是做事，都离不开诚实守信的基本原则。我们常用"一诺千金"

来形容一个人讲信用，说话算数。秦末有个叫季布的人，一向说话算数，信誉非常高，许多人都同他建立起了深厚的友情。当时甚至流传着这样的谚语："得黄金百斤，不如得季布一诺。"这就是成语"一诺千金"的由来。后来，季布得罪了汉高祖刘邦，被悬赏1000两黄金捉拿。结果他的旧日的朋友不仅不被重金所惑，而且冒着灭九族的危险来保护他，使他免遭祸殃。季布的故事告诉我们：一个人只要诚实有信，自然得道多助，也就能获得大家的尊重和帮助。

拥有良好的信用就会在社会交往中处于有利地位，进而赢得市场并获得生存空间。良好的信用不仅是组织、地区乃至国家的无形财富，也是从业者个人的无形资产。这种无形资产作为一种特殊的资源，甚至比有形资产更珍贵。一个国家，缺少资金，可以借贷，但缺少信用，则无从借贷，就只能在经济全球化、一体化的激烈的国际竞争中被淘汰。中国已经成为世界上最具投资魅力的国家。其中原因很多，但是有一条不可忽略，那就是作为礼仪之邦，中国政府在国际交往中的许多重大问题上处事公平、说话算数，能够取信于世界。2011年，在世界经济增长总体放慢的情况下，中国经济仍然保持较强的增长势头，且国民生产总值仍保持跳跃式的增长，其增长速度是世界平均增长速度的3倍，是发展中国家的2倍，是发达国家的4倍。

## （三）办事公道

办事公道是社会主义职业道德的一个重要方面，是职业活动中的一种高尚道德情操，也是千百年来为人所称道的职业品质。办事公道是指各行各业的从业者在本职工作中，在办理事情、处理问题时，秉持公平、公开、公正的原则，对当事各方公平合理、不偏不倚，都按照一个标准办事。办事公道的具体要求体现在：坚持真理，光明磊落；公平公正，公私分明。

随着现代社会市场经济的发展，对外交往日益频繁，人际关系也越来越复杂，常常会出现一些难以处理的情况。例如：在明知自己做错了事而又可以隐瞒过去的情况下该怎么办？如何处理与自己有不同意见或不同处事原则的同事之间的关系？社会主义职业道德提倡从业者"严于律己、宽以待人"。可以说办事公道是职业道德中正确处理各种复杂人际关系的准则，也是组织和个人进入社会、赢得市场的通行证，并通过日积月累建立良好的信用。

办事公道还是抵制行业不正之风的重要手段。行业不正之风，是行业从业者凭借工作和职业的便利条件、优势，利用特殊手段，以权力谋取不正当利益。这些都是损害国家行政和行业建设的恶疾，其影响之深、危害之烈、顽固性之强，可以预见。只有坚持办事公道，才能抵制行业不正之风，从而维护良好的社会软环境。

### （四）服务群众

"服"有承担、担当之意，"务"的本意是勉力从事。服务群众揭示了职业与人民群众的关系，指出了职业劳动者的主要服务对象是人民群众。服务群众是职业行为的本质，是社会主义道德建设的核心在职业活动中的具体运用。

服务群众是对所有从业者的要求。每个人都有权享受他人职业服务，同时又承担着为他人职业服务的义务。因此，服务群众作为职业道德，是对所有从业者的要求。服务群众的内容包含两个层次：首先，要求热情周到，从业者对服务对象和群众要主动、热情、耐心，服务细致周到、勤勤恳恳；其次，努力满足群众需要，为群众提供方便，想群众之所想，急群众之所急。

服务群众，就是要增强全心全意为人民服务的观念，要培养为人民群众服务的意识，真正做到职业诚信和职业为民。在职业实践中，从业者要在解决被服务者亟待解决的问题上下工夫，把是否解决了群众反映强烈、通过努力能够解决的突出问题和群众是否感到满意作为衡量职业行为是否取得成效的客观标准。

服务群众，就是要增强为群众服务的职业责任感，确保职业行为、职业活动和行业运营的全面协调可持续发展，把民生工程放在首位，切忌追求单一经济指标，要促进"双赢"，实现职业道德环境的可持续发展，不断提高个人和组织的凝聚力、战斗力、创造力。

服务群众，就是要牢固树立以人为本、为民服务的理念，养成密切联系群众、积极为群众办事的作风，形成敬民、爱民、为民的思维，切实做到"问需于民、问计于民、问政于民，解民需、解民忧、解民怨、解民困"。

### （五）奉献社会

奉献社会是社会主义职业道德的最高境界，体现了社会主义职业道德的最高目标和最终目的。奉献：是指不期望等价的回报和酬劳，而愿意为他人、为社会或为真理、为正义献出自己的一切，包括宝贵生命的情怀和品质。奉献社会：是指全心全意为社会做贡献，为人民谋福祉，是为人民服务和集体主义精神的最高体现，是社会主义职业道德的最高要求和最高境界，也是从业者应具备的最高层次职业的修养。在职业活动中，职业道德要求各行各业的从业者能够在工作中不计较个人得失、名利，不以追求报酬为最终目的的劳动和付出。一个人不论从事什么行业的工作，不论在什么岗位，都可以做到奉献社会。

在社会主义市场经济条件下，讲无私奉献精神，必须和利益追求结合起来，应当在求利的过程中发扬无私奉献的精神。个人求利首先应当以奉献为前提条件，把个人的利益融合在国家和人民的整体利益之中，勇于为人民的利益和社会的利益牺牲个人利益。只有这样，才能正确处理国家、集体和个人三者之间的利益关系，防止极端个人主义、利己主义倾向，从而形成自觉奉献、健康追求的高尚情操。

奉献社会不仅有明确的信念，而且有崇高的行动。奉献社会的精神主要强调的是一种自我的全身心投入精神。当一个人专注于某种事业时，他关注的是这一事业对于人类，对于社会的意义。他为此而兢兢业业，任劳任怨，不计较个人得失，甚至不惜献出自己的生命，这就是伟大的奉献社会的精神。2011年的感动中国人物，坚守藏区12年支教的四川的教师胡忠、谢晓君夫妇，他们放弃成都名校和优越的生活条件，用最纯朴的行动谱写着他们生命里为教育事业无私奉献的赞歌，让我们在他们身上看到了职业道德中的最高境界。感动中国十大人物颁奖仪式上，对胡忠、谢晓君夫妇的颁奖辞这样说：他们带上年幼的孩子，是为了更多的孩子；他们放下苍老的父母，是为了成为最好的父母。不是绝情，是极致的深情；不是冲动，是不悔的抉择。他们是高原上怒放的并蒂雪莲。

其实，奉献不难做到，奉献就在身边。圣弗朗西斯说过一句话："索取使人疏远，奉献促进团结。"奉献有助于个人的发展，有助于从业者之间的团结，有助于一个组织、一个企业的发展。在自己的工作岗位上认真做好每件事，就是对集体、对社会的奉献。在日常生活中，我们每个人无论身居何职，都在有意无意地自我奉献着，也在不知不觉中享受着他人奉献的成果。奉献并不是高不可攀的境界，它主要体现的是给予者的态度。我们倡导奉献精神，旨在唤醒人们心底的勤勉、善良、友爱。构筑美好社会，离不开每个人的努力，我们每个人都应该从我做起，在各自的岗位上恪尽职守，兢兢业业，这就是最好的奉献。

## 四　社会主义职业道德的主要作用

社会主义职业道德是建设社会主义精神文明的重要内容，它的发展既受整个社会精神文明的制约，又是衡量整个社会精神文明发展水平的一个重要标志。在我国，如果没有一个好的职业道德，就不会有高度的社会主义精神文明，因为职业生活是人类社会最基本的实践活动，它往往比一般社会公德或家庭美德更集中、更具体反映着一定社会道德的要求。它直接影响着人们的精神生活和物质利益，在调整和处理各行各业各种关系方面，在培养人们树立共产主义道德风尚和劳动态度、树立高尚的思想情操和生活方式方面，它都必然会起到变革现状和创造未来的巨大作用，这是历史上一切职业道德所无法比拟的。

### （一）社会主义职业道德有利于建立新型的、和谐的人际关系

社会犹如一部"大机器"，各行各业则是它的有机组成部分。在社会

主义社会里，人们既尽道德义务又享受道德权利。各行各业相互联系，紧密配合，"人人为我服务，我为人人服务"的理念构成了一个温暖、和谐的整体，社会风尚理应非常高尚。然而，由于旧社会封建的和资产阶级的伦理道德，思想意识，仍然占据着一些领域和地盘，它们通过旧的传统和习惯势力，顽强地表现着自己，影响着人们的思想意识，一定程度上阻碍着社会的进步。人们一方面在进行着社会主义现代化建设，另一方面却又自觉或不自觉地受各种非无产阶级思想的影响，如"关系学""后门学""特权学""裙带学"等许多歪风邪气肆虐猖獗。要克服和解决这些问题，普及和提倡社会主义职业道德是一个十分重要的措施。只要各行各业的人们都具有了高度的社会主义职业道德观念，人人都遵守各自的职业道德规范，都能正确地认识和使用自己的职业权利，履行自己的职业义务，都按自己的职业道德去待人接物；这样，整个社会就必然会形成互相尊重、互相关心、互相帮助、顾全大局，讲原则、讲公正诚实的新风尚；这样，不论是"关系学""走后门"，还是"搞特权"都会丧失存在的土壤，良好的社会风尚就能逐步形成，进而促进、巩固整个社会的安定团结。

## （二）社会主义职业道德有利于调节党和政府与群众的关系

以为人民服务为核心的社会主义职业道德，是一种全新的道德观念。但是，为人民服务作为一种新道德并不是自发地出现于人们的头脑之中的。要使这种新的道德观念在人们的头脑中牢固树立起来并发扬光大，就必须进行长期的引导、教育、训练工作。正因为这个原因，党和政府对职业道德的教育给予了极大的关注和引导。从一定的意义上讲，这是一场道德革命。

在社会主义制度下，生产资料公有制占据主导地位，职业道德直接影响党、政府与人民群众关系。一方面，国家公务员、共产党的各级领导是代表国家与执政党执行公务，他们的职责是为人民服务，他们的职业道德的好坏直接关系党、政府与人民群众的关系；另一方面，由于多数企业是国有企业,绝大多数事业单位是国家设立的,是在党和政府的领导下进行各项工作的,因而在这些企业、事业单位工作的人的职业道德行为,都不是纯粹的私人行为,他们职业道德行为的好与坏,都直接影响党和政府的形象。

## (三)社会主义职业道德有利于推进社会主义制度的完善

社会主义制度是在自身基础上不断发展和完善的制度。实行社会主义改革,是实现社会主义制度在自身基础上不断发展和完善的根本途径。现阶段,我国全面深化改革的总目标是完善和发展中国特色社会主义制度,推进国家治理体系和治理能力现代化。改革必然要调整各种利益关系,调整生产关系中不适合生产力的部分,调整上层建筑中不适合经济基础的部分,以适应生产力的现实水平和进一步发展的客观要求。社会主义道德必然为社会主义改革服务。

第一,社会主义职业道德对于改革具有开路的作用。现阶段,中国的改革又到了一个新的历史关头。习近平同志指出:"中国改革经过30多年,已进入深水区,可以说,容易的、皆大欢喜的改革已经完成了,好吃的肉都吃掉了,剩下的都是难啃的硬骨头。"矛盾越大,问题越多,越要攻坚克难、勇往直前。必须一鼓作气、坚定不移,敢于啃硬骨头,敢于涉险滩,敢于向积存多年的顽瘴痼疾开刀,坚决打好全面深化改革这场攻坚战。改革必然触及一部分人的切身利益,引起他们激烈的思想斗争。有僵化和自由化思想的人都可能妨碍、干扰改革的顺利进行。因此,要坚定地走改革的路,必须扫清思想障碍,并借助道德建设,向职工进行集体主义、爱国主义以及为人民服务精神的教育,培养"进一步解放思想、进一步解放和发展社会生产力、进一步解放和增强社会活力"的改革意识,批评墨守成规和惧怕变革的落后思想,为社会主义改革的健康发展开辟道路,使中国特色社会主义在解放和发展社会生产力、解放和增强社会活力、促进人的全面发展上比资本主义制度更有效率,更能激发全体人民的积极性、主动性、创造性,更能为社会发展提供有利条件,更能在竞争中赢得比较优势,把中国特色社会主义制度的优越性充分体现出来。

第二,社会主义职业道德对于改革具有强化推动的作用。同其他意识形态相比,道德具有自律性和利他的作用。人们一旦认识到改革开放是我国的富强之路,就会把这种认识内化为一种信念,变成自己的良心。这种良心既能驱使自己积极主动地参加改革,拥护改革的各种措施,维护改革的各种制度,抵制阻碍改革的错误行为,同破坏改革的人和事进行坚决的斗争。否则,他就会受到良心的谴责,感到内疚,由此可见,职业道德具有强化和推动社会主义改革的作用。

第三,社会主义职业道德对于改革具有巩固成果的作用。在社会主义改革中,必然产生许多新的道德观念。这些观念必然随着改革实践的深入发展逐渐成为人们遵守的社会公德,成为社会主义职业道德体系的组成部分。比如服务意识、竞争意识、效率意识、攻坚意识、尊重人才、工匠精神等都会成为人们维护改革成果的道德习惯。

综上所述,新时期有中国特色社会主义的建设和完善需要职业道德,因此大力倡导、宣传社会主义职业道德,积极制定各行各业的职业道德规范,使社会主义职业道德在建设中国特色的社会主义过程中发挥更大的作用是我们义不容辞的职责。

**问题与思考**

1. 如何理解和把握道德的本质和作用?
2. 如何理解道德、法制和国家治理之间的关系?
3. 如何从道德的社会作用进一步理解加强社会主义精神文明建设的重要性?
4. 结合实际,谈谈身边的践行社会主义职业道德的典范。

# 第三章
# 民航职业道德

　　随着我国国民经济的迅猛发展，民航在政治、经济、文化、旅游等方面的意义越来越重要，民航在发展交通运输、工农业生产、科学研究、应急救援、医疗救护等方面的作用越来越大，民航越来越成为人们社会生活中不可缺少的重要行业。随着民航事业的不断发展，民航从业人数的不断扩大，民航职业道德也逐渐形成、完善起来，初步形成了自己的道德规范体系。认真研究和学习民航职业道德，充分发挥它的作用，对于民航强国战略的有效实施，对于加强民航精神文明建设和加深社会主义道德理解都有着重要的意义。

# 第一节　民航职业道德的基本内涵

民航是服务性交通运输行业，它最基本的社会职责是"人便于行、货畅其流，为客户服务"。民航服务工作本身就蕴涵着民航内部，民航与旅客、货主和用户，民航与国家的各种利益关系。为了使国家、集体、个人三者的利益得到统一，使每位民航工作人员的积极性得到最大的发挥，同时使每位旅客、货主和用户得到最满意的服务，使民航企、事业单位达到最佳的经济效益和社会效益，判明民航工作人员在职业工作和劳动生产中的好与坏、善与恶、荣与辱、正义与非正义的行为准则和行为规范，民航职业道德便就此产生。

## 一　民航职业道德的含义

中国民航职业道德是中国民航工作人员在长期的职业生活中逐渐地把"保证飞行安全第一，改善服务工作，争取飞行正常"的总方针和"人民航空为人民"的宗旨内化为高度的职业责任感和事业心，并且体现在各自的工作上，在此基础上所形成的与之相应的各种道德行为规范的总和。它是民航工作人员长期道德实践经验的概括和升华，从根本上说，它是社会主义道德原则和规范在民航职业活动中的特殊表现。民航行业道德不仅具有社会主义性质，而且具有自己的职业特征。

### （一）民航职业道德的性质是由民航的社会属性决定的

中国民航是国家综合交通运输体系中的重要组成部分，它的经营管理和服务活动与国家和人民的利益应是高度一致的。这种一致性决定了中国民航职业道德必须符合与体现国家和人民的利益要求。譬如："保证飞行安全第一，改善服务工作，争取飞行正常"，既是党和国家对民航的要求和希望，也是民航职工的最大心愿；既是民航一切工作的总方针，也是中国民航职业道德的最基本要求，是衡量民航工作的基本标准。中国民航的社会主义属性决定了它的从业者是企业的主人，也是国家和社会的主人。从而他们能自觉认识到民航是属于人民的，从业者就必须全心全意为人民服务。中国民航职业道德的这一特点是与资本主义国家民航职业道德根本不同的。在资本主义社会里，资本家也讲旅客是上帝，但他们的企业是私人的，他们的道德原则受利己主义原则的支配，社会利益，特别是劳动人民的利益绝不可能成为他们职业道德的出发点和归宿。我国民航职业道德的社会主义性质决定了它与一切私人企业的职业道德有本质区别。

## （二）民航职业道德的内容是由民航的行业特点决定的

民航是服务性行业，它具有服务性行业的特点：第一，民航生产不是产品加工，比如航空运输，它是通过人和物的位移来实现的，它的劳动价值不是凝结在产品中，而是通过服务追加在产品或劳动的价值中。所以，民航的职业本质是为社会生产和消费服务。从业者一定要牢固地树立服务意识。第二，民航以飞机为工具完成其"人便于行，货畅其流，为客户服务"的社会职责，还必须有相应的地面设施，如机场、仓库、商务、指挥、气象、通信、导航、维修保养等一系列环节与之配合协调一致，任何一个环节相关工作人员都必须认真地以职业道德规范自己的行为，不得出现差错。第三，民航生产地域广大、分散，涉及不同社会制度的国家、不同经济状况的城市，民航工作人员接触不同国籍、不同层次、不同语言、不同风俗习惯的服务对象，对民航工作人员的职业道德素养提出更高要求，而通用航空作业更加艰苦复杂，比如护林、灭灾、海上石油、吊装、摄影等。除此之外，民航还具有自己行业的突出特点，即空中作业、速度快、技术复杂，是其他运输行业所不可比拟的。所有这些特点使民航生产活动具有精确性、复杂性和多变性。因此民航业必须始终坚持"安全第一，预防为主"的原则。认识民航生产特点对于提高民航工作人员的服务意识、安全意识、争取飞行正常意识有着重要的意义。

## （三）民航职业道德对民航工作人员的要求是由民航生产特点决定的

民航生产是由"客公里""吨公里""旅客吞吐量""货邮吞吐量""起降架次""作业小时"等指数反映的。民航生产最主要的特点是：生产与消费同时进行，对效率和质量要求很高。所以要求民航工作人员时间观念强，在生产之前就要周密计划、精心准备、严密组织，努力提高设备的完好率和利用率；刻苦学习本职业务，精通本职工作，发扬主人翁精神，用有限的设备争取为更多的旅客、货主和用户服务。总之民航职业道德要求从业者牢固地树立"人民航空为人民"的服务观念，所做的一切工作都要对人民负责。牢记"失之分秒，人命关天；差之毫厘，机毁人亡；一字之差，天南地北；稍有麻痹，空防突破"。这些用无数财产和生命换来的职业教训告诉我们，没有安全就谈不上服务。"安全为了服务，服务必须安全"，两者要统一起来，不能有任何偏颇。我们既反对只顾安全不讲服务质量的安全，也反对只为优质服务不顾安全保障的服务。同时还要提倡为旅客、货主、用户争时间，因为他们之所以利用飞机，一般着眼于飞机快的特点，所以每位民航工作人员要发扬"争朝夕"的精神，争取飞行正常，以安全、迅速、优质服务于人民。

综上所述，中国民航职业道德是民航业根据国家和人民对民航业的需要，结合中国民航业的优良传统和从业者的职业实践制定和创造出来的，是民航工作人员积极性、主动性和创造性的生动反映。但是，道德规范或道德准则一旦制定出来，作为我们认识和把握世界的一种方式，作为一种社会意识形态，作为调节人际关系和各种利益关系的手段，对民航工作人员的思想、行为又具有指导作用和约束作用。民航工作人员只有遵守它的原则和规范，才能提高自己的道德意识，把各种服务工作做好。

## 二 民航职业道德的基本原则

根据民航系统各行业的社会性质、社会职责以及自身的特点、任务，民航行业职业道德的基本原则就是"献身民航、立足服务、安全第一、航班正常"。

### （一）献身民航

"献身民航"指的是把自己的精力、才智、技能等毫无保留地献给社会主义的民航事业。民航事业是在国民经济中具有重要地位和作用的事业，它是我国现代化建设的重要组成部分，它肩负着为社会扩大再生产创造物质条件的重任。民航工作人员要认识到自己肩负的重任，热爱自己的工作。首先要树立远大的理想，包括职业理想和道德理想。有了理想就有了奋斗目标。民航工作人员所从事的职业，是民航事业中不可缺少的，而且关系这项事业进程快慢，因此要对自己的职业有一种自豪感和光荣感。这样，民航工作人员就会去研究如何把自己的工作做好，如何在自己的岗位上实践职业道德，从而达到全身心地、尽职尽力地投身于民航事业。

这里特别要提到青年是中华民族的希望，是祖国的未来。在民航系统工作的青年工作人员和在民航院校学习的青年学生，蕴藏着蓬勃的生机与活力，饱含着炽热的追求和怀抱伟大理想，他们最富有奋发向上的创新精神。他们有振兴中华的强烈愿望，具备实现中华民族伟大复兴的中国梦和民航强国梦的条件，愿他们在祖国的民航事业上一展雄才。

### （二）立足服务

"人民航空为人民"是中国民航强国战略的宗旨，是中国民航职业道德的指导思想，是"为人民服务"在中国民航职业道德中的具体体现。为人民服务的基本含义是："毫不利己，专门利人"，"对工作的极端的负责任，对同志对人民的极端的热忱"①。把人民的利益放在高于一切、重于一切的地位，理解"润物细无声"似的奉献，具有为人民的利益甘愿做出自我牺牲的精神。在民航职业道德活动中，为人民服务集中体现在"人民航空为人民"这一根本宗旨上，使为人民服务具有了民航职业特征。

第一，要全心全意地为旅客、货主和用户服务。所谓全心全意为旅客、货主和用户服务，就是要保护他们在民航运输生产过程中的利益和权利，千方百计地满足他们对民航的各种正当要求，使旅客、货主在与民航工作人员发生各种联系时，真正体验到民航是"客户第一，服务至上，高兴而来，满意而去"。

第二，在民航内部及民航为之服务的对象之间要互相关心、互相爱护、互相帮助。"同志"是指事业相同，根本利益一致，人生理想和志愿相同的人。民航职业道德要求对同志、对人民极端热忱、负责，公正、平等，为社会主义民航的现代化建设团结奋斗。因此，在民航企业内部以及在其与服务对象之间，"互相关心，互相爱护，互相帮助"是"人民航空为人民"的基本要求，是民航职业道德的重要规范。

综上所述，民航工作人员把党和政府对民航业的要求，人民对民航业的希望与他们的从业活动中全心全意为旅客、货主和用户服务，关心同志的行为活动综合为一句话，就是"人民航空为人民"。

## （三）安全第一

"安全第一"是民航事业永续发展的生命线，它与广大民航从业者的日常工作生产紧密相关，是民航飞行安全的底线。对于民航运输业来讲，安全就是把乘客从一个地方顺利地运送到另一个地方，体现着社会的进步和文明。这个看似简单的过程，包含着起飞机场精心的组织保障、运载工具的安全可靠、保障空中飞行过程的准确实施、目的地机场精心组织保障等一系列工作。因此，广大旅客作为服务对象，民航工作人员作为服务实施者和监督者，双方共同搭建起一个通达愿望的桥梁，实现"人

---

① 《毛泽东选集》第2卷，人民出版社，1991，第659页。

人为安全、安全为人人"的目的。

做到飞行安全，首先要求民航直接从业者一丝不苟、履职尽责，当好护卫航空安全的排头兵。对于安全管理人员，要严字当头，敢于担责，敢于动真，加大对违规、违章、违纪人员的整治力度，采取零容忍态度。借助大数据和安全信息平台，通过典型案例，下大力气整治无后果违章行为。处理好航班增量和保障安全能力的关系，确保生产单位运输量和安全保障能力相匹配，建立安全保障能力评估机制。与此同时，需要加强行业的精细化、规范化管理。无论是机场的地面组织与实施，还是空中交通保障，航空公司的空中飞行等环节，都需要有一个不断完善的持续提升服务质量的管理。最后，作为民航业安全保障的各个单位，必须建立起一个安全管理沟通的桥梁，共同构建起一个安全、有序发展的平台，促进民航事业的协调、健康、可持续发展。

## （四）航班正常

所谓航班正常，就是航班准点。准点率是衡量民航运行品质和管理水平的重要参数之一。因为涉及因素太多，多因一果，提升航班正常性是当今各国民航的一大难题。

近年来，中国民航通过积极挖掘潜力、加大技术投入力度和重拳整治航班延误问题，使航班正常性有了提高。尽管如此，航班准点率与广大人民群众的期待还有差距。航班延误不仅削弱了旅客对"真情服务"的获得感，更延长了机组的执勤期。严重时，机组执勤时间是飞行时间的两三倍，累积疲劳现象普遍，给飞行安全带来了不容忽视的威胁。

运输航空的飞行、运行，主要涉及管制员、飞行员、航空器的互动，三者构成了密不可分的"三位一体"。管制员根据航空器的位置和动态给飞行员下指令，飞行员根据管制指令操纵航空器，航空器的实际运行状态和参数又反馈给管制员，以便给出下一个管制指令，形成一个完整的控制闭环。随着机队规模的进一步扩大，如果不进一步创新思路，不寻求新的突破口，繁忙区域的航班延误程度会更加严重。因此，抓航班正常工作，从航空公司、机场、空管等系统内部及其勤务保障上不断挖掘潜力，是全体民航人为之奋斗的目标。

以上四个方面是相辅相成、密不可分的，是辩证的统一。"献身民航、立足服务"是民航工作人员职业道德的前提和基础，体现了生产、服务的思想与目的。"安全第一、航班正常"是民航工作人员职业道德的表现和敬业的结果，体现了生产、服务的态度与要求。只有献身于民航事业，才能体现人民航空为人民的服务思想；只有明确安全第一的工作态度和航班正常的基本诉求，才能正确处理安全与效率的关系。

# 第二节　民航职业道德的主要作用

中国民航职业道德是民航职业生活的反映，但不是对民航职业生活的机械"摄影"和"复写"，也不是对个人道德行为的简单"记录"，而是对人们之间的社会关系在伦理上本质的、必然的联系的集中和概括，是对民航职业道德生活中的规律性的认识。因此，中国民航职业道德虽来源于民航工作人员的道德实践，却又高于实践，所以，它一经形成，必将积极地以自己特有的方式反作用于它由此产生的民航职业生活，进而为民航现代化事业的发展，创造出一个和谐有序的道德环境。

## 一　民航职业道德对民航内外人际关系的调节作用

人们在劳动、工作、生活中相互交往，从而发生各种各样的联系，这种人与人之间交往与联系的关系就叫人际关系。不同社会有不同的人际关系准则，不同阶级同样也有不同的人际关系准则。社会主义和谐的人际关系准则是社会主义道德，民航职业道德则是民航内外和谐人际关系的准则。在社会主义有计划的商品经济条件下，以民航职业道德为武器，批判庸俗的人际关系，建立和谐的人际关系，并通过和谐的人际关系，促进民航事业的发展是民航职业道德对民航人际关系调节作用的根本所在。

## （一）民航职业道德是人际关系和谐的准则

从人类历史上来看，人际关系与道德关系一样，都是伴随人类的产生而产生，并伴随着人类历史的发展而发展。由于生产关系的变化，历史上大体出现过三种不同类型的人际关系和道德关系，即原始社会朴素、平等的人际关系和道德关系，奴隶社会、封建社会、资本主义社会对立的、分等级的人际关系和道德关系，社会主义新型的平等的人际关系和道德关系。人际关系是道德关系的基础，又受道德规范的制约和保护。比如我国汉朝董仲舒提出的"三纲""五常"作为封建社会的道德准则和基本要求，是以中国门阀等级制为基础，并用来维护这种制度。早期资产阶级思想家提出的平等、博爱、公平竞争是为了保护受地主阶级压迫的资产阶级利益，当资产阶级掌握政权以后，他们就把这些原则变成了极端的利己主义，因而人与人之间也就变成了尔虞我诈、你争我夺、弱肉强食的丑恶的人际关系。与资本主义社会根本不同，在社会主义社会，人与人之间的关系是平等、团结、友爱和互助的新型的社会主义人际关系。所以，《中共中央关于社会主义精神文明建设指导方针的决议》指出："社会主义道德建设的基本要求是爱祖国、爱人民、爱劳动、爱科学、爱社会主义。要使'五爱'在社会生活的各个方面体现出来，在全国各民族之间，工人农民知识分子之间，干部群众之间，家庭内部和邻里之间，以及人民内部一切相互关系上，建立和发展平等、团结友爱、互助的社会主义新型关系。"可见，"五爱"是中华人民共和国每个公民必须遵循的最基本的道德规范，也是协调各种人际关系的基本准则。

中国民航职业道德既是民航从业者从事职业活动的依据，又是评价人的思想行为的标准。因此，无论它对民航工作人员思想行为是指导作用，还是约束作用，其目的都是协调民航内外的各种关系，维护民航的正常秩序，保证民航职业活动的正常进行，促进民航工作的开展。具体地说，它要求民航的各个部门，每个从业者坚持社会主义方向，以整个社会和民航的整体利益为重，自觉地遵守国家的政策、法令，正确处理与国家，与兄弟单位，与旅客、货主和用户的关系，积极工作，全心全意为人民服务，满足社会的需要，从而使民航业内外的各种关系协调发展。

由于中国民航职业道德属于社会主义性质的职业道德，它要求民航职工在职业活动中，根据党的方针政策，通过正当的手段和途径，取得正当的经济利益，反对损人利己、损公肥私和自私自利的不道德行为，反对搞邪门歪道、弄虚作假、偷税逃税、投机倒把、走私贩私的行为。民航职业道德还要求民航工作人员具备良好的行业作风，在从业活动中，对兄弟单位应坚持互助协作、互相支持、平等互利的原则。在社会主义竞争中，不能把同行视为"冤家"，以邻为壑，力求排挤和吃掉对方，不能在工作中，违背原则拉关系，吹吹拍拍，贿赂对方，也不能在别人有求于自己时，在同志之间或行业之间故意为难，雁过拔毛，敲诈勒索，谋取私利。而是要互相帮助，共同提高社会的经济效益。总之，民航职业道德是民航工作人员在一切从业活动中对社会负责、对人民负责，搞好各种人际关系的准则。

实践证明，如果民航从业人员都能以民航职业道德作为协调人际关系的准则，人们就能互相理解、互相关心、互相尊重，从而大家在情感上会感到欣慰、充实、幸福，在工作上会感到学有榜样，干有方向，精神振奋，充满着热情和向往，能得到环境的温暖、友谊、爱和快乐，能体会到人生价值，因而在人际关系中能够产生信任感和亲切感。相反，如果大家不能很好地以道德作为协调人际关系的标准，不注意人际关系的协调，人们就会产生苦闷感、孤独感、压抑感和失落感：遇事烦躁不安，对工作心灰意冷，怨恨别人；在人与人的相处中，互相提防，产生疏远、冷漠、失望和对立的心理。

当前强调道德作为协调人际关系的标准尤为重要。因为，第一，近几年资产阶级自由化的泛滥和影响，使一些人比较注重个人，不太关心他人；第二，随着商品经济的发展，人们的交往越来越多、越来越复杂，因而越需要一个统一的道德标准；第三，现在我国处于一个多元价值观并存的时期，比如封建主义价值观、资本主义价值观、社会主义和共产主义的价值观等交织在一起，同时存在。这些价值观虽然都有存在的社会基础，但是在中国民航的职业活动中，只能按中国民航职业道德规定的价值标准，即社会主义、共产主义的价值标准；第四，在改革开放的今天，人们的思想感情、行为方式多种多样，不可能有统一的模式。这中间难免会出现那种需要协调又难以协调的矛盾。比如领导与员工之间，老、中、青工作人员之间，先进分子与一般群众之间就经常存在一些矛盾和冲突，影响人际关系的和谐，解决这些矛盾和冲突的办法是多种多样的，其中中国民航职业道德则是诸多手段中的一种根本手段。

为什么民航职业道德能成为协调人际关系的准则呢？首先，从民航职业道德的基本原则看。"为人民服务"是民航职业道德的指导思想，它要求民航工作人员坚持人民的利益高于个人利益，个人利益服从人民的利益，在保障人民利益的前提下，把人民的利益同个人的利益结合起来，其核心是全心全意为人民服务和毫不利己专门利人的共产主义精神。它要求每个民航工作人员都应该明确认识到自己是民航的一员，自己和民航的关系是局部和整体的关系，民航的好坏优劣都直接关系自己的利益。因此每个工作人员应该自觉地关心民航发展的前途命运，把民航的整体利益放在第一位，当个人利益与整体利益发生矛盾时，要自觉地牺牲个人利益，维护整体利益。同时，还要看到自己作为民航的一个成员，个人的言行举止、喜怒哀乐即可能影响民航的声誉和利益，因此每个工作人员都要以旅客至上、质量第一的精神，勤勤恳恳、扎扎实实地工作，为维护民航的信誉贡献力量。可见民航职业道德基本原则作为调节人际关系的准则，体现了"人人为我，我为人人"的社会主义的集体主义和人道主义精神，它绝不是资产阶级所诬蔑的束缚个人自由的枷锁。恰恰相反，通过道德评价和正确处理各种利益关系，人们的高尚道德品质等的培养，使之做到互相尊重、互相关心、互相爱护、互相帮助，使我们的社会主义社会处处体现着集体主义、人道主义精神，形成良好的道德风尚，为创造一个广泛和谐的人际关系奠定基础。

其次，从民航职业道德功能特点看。道德的调节功能不同于法纪，它在协调人际关系时，是以自己高尚的道德情操、美好心灵、善良行为去感化他人。道德功能的这一特点在民航职业活动中又有自己的特殊表现。第一，在协调民航业内外关系上，民航职业道德特别强调互相谅解。所谓谅解，就是承认对方的思想行为不是毫无理由或原因的，应该加以原谅理解，比如旅客的过激言论，上级对下级的责备、怪罪和下级对上级的埋怨等，都要看到事出有因，情有可原，有一定的合理性，因而采取忍让、安慰、帮助的态度。这就是互相谅解。第二，在协调民航业内外的人际关系上，特别强调相互帮助和相互鼓励，就是帮助对方克服各种困难，解除对方的苦闷、孤独和难处，对别人善意的建议和帮助则给予充分肯定，比如称赞、表扬、鼓励和感激等。在和别人相处时要平等、和善、通情达理，而不能盛气凌人，冷酷、专横、不近人情，要善于发现别人的优点长处，不要专揭人家的老底，老批人家的毛病。在和不同气质、不同兴趣的人共事时，不能"看不惯""一脚踢"等。总之，民航职业道德在调节人际关系时，要强调以德服人、以理服人、以情动人，主动热情。

再次，从民航职业道德规范的要求看。民航职业道德对民航工作人员的基本要求是提高服务质量。《中共中央关于社会主义精神文明建设指导方针的决议》明确指出："人们之间关系的和谐，是同各个岗位的服务态度、服务质量密切相关的。"具体到民航就是要求每位从业者恪尽职守，做好工作，以自己的言行真正去实现"客户第一，信誉第一，服务第一"。领导干部应当清正廉洁，作风民主，开拓创新，知人善任；党务人员应当热爱党务工作，政治坚定，联系群众，言行一致；飞行人员应当思想过硬，严守规章，协作团结，确保安全；机务人员应当遵章守纪，精心维修，确保质量，刻苦耐劳；运输人员应当文明礼貌，诚信廉洁，团结协作，真情服务；财务人员应当严格遵守制度，坚持准则，参与管理，强化服务……只要每位从业者都严格认真、一丝不苟地履行职责，就必定会创造出一个和谐的人际关系环境。

最后，民航职业道德还要求民航工作人员注重道德意识的培养和道德信仰的锤炼。道德行为是道德信念的外显，道德信念是道德行为的内化。规范的全部要求是思想与行为的统一，道德要求我们不单单是见于行为，同时在自己的观念中建起道德评价的"内心法庭"，随时随地评价我们的行为，哪些不应当做，哪些应当做，如何去做。只有这样，我们才能面对丰富多彩的职业生活，以扎根在心中的道德信念，创造出高尚的道德行为。我们在职业生活的再创造中，使自己升华，成为一位"高尚的人，纯粹的人，有道德的人，脱离了低级趣味的人，有利于人民的人"。这样，社会才会形成一种新型的人际关系：上下级之间平等相待，不以势压人，既讲民主也讲集中；师徒之间尊师爱徒，既传技术又帮思想；同事之间诚恳谦虚，与人为善，宽以待人，严于律己，取长补短，共同提高。民航工作人员对旅客理解、体谅、信任、尊重、服务好。民航业整体形成一种上级让下级佩服，下级让上级放心，民航工作人员让旅客、货主及用户觉得可亲可敬的新局面。

综上所述，民航道德作为调节民航内外人际关系的重要准则，它比法纪对人际关系的作用更广泛、更深刻。所以，在道德作用下形成的和谐的人际关系会更持久、更牢固，对劳动生产率的提高和生产力的发展作用也就更大。同时也要看到，道德调节作用的发挥，时间长，来得慢，工作更艰难些，但只要我们肯坚持，目的是会达到的。

## （二）民航职业道德是庸俗人际关系的"克星"

所谓庸俗的人际关系，往往以搞好"人际关系"是为大家着想的名义，倚仗职权谋取私利。其表现形式为践踏规章，拿原则做交易，把这种违反"人民航空为人民"根本宗旨的不道德行为自诩为"搞好人际关系"，这是第一种。倚仗着"航线审批权""航班时刻权""审批权"与相关单位拉关系，靠人家"馈赠"的钱或物维持着一种"金钱人际关系"，这是第二种。利用飞机的便利条件大搞"捎、买、带的人际关系"，这是第三种。见到违章违纪的现象不制止、不反对，明知不对但奉行少说为佳，"老好人式的人际关系"，这是第四种。凡此种种，都属于庸俗的人际关系。毋庸置疑，庸俗的人际关系是与社会主义的职业道德背道而驰的。庸俗的人际关系是一种腐蚀剂，它不仅使人们的积极性受到挫伤，使组织涣散、关系松懈、工作消极、意见分歧，甚至还会影响单位之间、部门之间、人与人之间以及民航内外之间的团结协作，损坏了民航的形象、声誉和国家利益、企业利益、集体利益，败坏了社会风气。

庸俗人际关系对社会对民航事业的发展危害很大，它不但会使国家、民航在经济上受到严重损失，而且在思想上也会腐蚀人民群众，甚至会把人们引导到与社会主义背道而驰的邪路上去。在社会主义现代化建设的过程中，划清健康人际关系和庸俗人际关系的界限，认清两者的根本区别，肃清庸俗人际关系的影响，以民航职业道德为准则建立健康和谐的人际关系，对民航职业道德建设和促进民航事业发展有着十分重要的意义。

## 二 民航职业道德对民航事业发展的促进作用

马克思主义伦理学运用历史唯物主义的基本理论，考察道德和社会物质生活条件的关系，得出它既是唯物的，又是辩证的。一方面，它强调社会物质生活条件，特别是经济关系对道德的决定作用；另一方面，它正确地肯定道德的相对独立性和对社会生活重大的能动作用。根据这一理论我们说社会主义民航职业道德对民航事业的发展，对民航现代化建设必然会产生巨大的促进作用。

### （一）民航职业道德有助于提高民航经济效益

民航职业道德提倡从业者忠于"人民航空为人民"的根本宗旨，要求从业者在职业生活中，时时处处以人民利益为重，积极热心，忠诚老实，遵章守纪，一丝不苟。这必将对民航的生产发展起巨大的促进作用。民航职业道德就像无数个"立体交叉桥"，它是民航企、事业单位达到自己的目标、实现最佳经济效益的捷径，它使民航工作各行其道，运行得力，防止"撞车"，改变拖拉、推脱、扯皮的积习。民航职业道德又是"润滑剂"，它使各部门、各单位、人与人之间各种关系协调自如、配合默契，避免互相"作梗"、故意刁难的现象。它要求航行通信保证指挥无误；它要求机务保证飞机性能良好，缩短维修周期；它要求气象预测准确；它要求后勤高效保障；它要求运输服务配载科学；它要求公安部门认真防范、保证安全；它要求飞行安全正常，提高利用率；它要求窗口服务提高质量；它要求管理者认真负责，精打细算。总之，它能使民航整体全方位协作紧密，促成良性循环。因此，民航职业道德是民航生产实现"飞行安全、廉政安全、真情服务"，提高行业竞争力，提高国际影响力，提高民航经济效益和社会效益的重要保障。

## （二）民航职业道德有助于加强民航精神文明建设

随着我国经济建设的发展和改革开放方针政策的实施，民航事业迅速发展，服务社会，走向世界。面对世界各航空公司激烈竞争，我国民航要屹立于世界航空之林，民航职业道德更具有重要的作用。

这是因为在民航发展过程中，人是最宝贵的财富，它是生产力中首要的、能动的因素。劳动者的道德素质、思想觉悟如何，对民航发展关系极大。事实表明，只有当民航的干部职工树立正确的民航职业道德观念，形成良好的职业道德品质和高尚的职业道德境界时，其社会主义积极性、创造性和聪明才智就能充分发挥出来，他们就会自觉地以主人翁的精神和强烈的社会责任感、荣誉感去工作，从而为民航发展做出更大的贡献。

在发展社会主义市场经济，企业以信誉求生存、以质量求发展的形势下，如何创造良好的民航职业道德风尚，是民航事业发展的重要条件，同时也是民航精神文明建设的重要标志之一。良好的职业道德使民航从业者忠于职守，顾全大局；时时处处把集体利益、国家利益摆在首位，这不仅对提高民航的信誉、提高民航的竞争力、为民航的发展奠定可靠的基础具有重要的意义，而且对民航精神文明建设以及整个社会的精神文明建设都有重要的意义。

**问题与思考**

1. 如何理解民航职业道德的基本原则？
2. 民航职业道德与加强民航精神文明建设之间的关系是什么？

# 第四章
# 民航党政领导干部职业道德

　　民航各级党政领导干部是领导和管理民航事业的骨干力量。他们自身的素质如何，直接关系民航事业的发展前途。"志向要高远、情趣要高雅、行为要高洁"，这是民航各级领导干部最基本的职业道德标准和职业道德底线。要建设民航强国就需要造就一支忠诚、干净、敢于担当的民航党政领导干部队伍。为了建设这支队伍，制定适应民航行业特点而又切实可行的党政干部职业道德规范，意义深远而又重要。

## 第一节　民航党政领导干部的职责和作用

"干部是人民的公仆",这是马克思主义的重要原则。马克思主义者认为,社会主义国家的干部与一切剥削阶级居统治地位国家的官吏,就其本质与地位而言是根本对立的。民航各级党政领导干部是国家干部队伍的一个组成部分。他们的工作任务是在民航系统的各部门、各级机构中从事领导和管理工作。他们中间,有的担任领导工作,是民航事业发展建设的决策者和指挥者;有的从事一般的管理工作,是民航事业发展建设的组织者和实施者。但是,无论他们职务高低,还是责任大小,就其本质而言,都是人民的公仆、是人民的勤务员,都必须全心全意为人民服务。

民航各级党政领导干部是领导和管理民航事业的骨干力量。他们自身的素质如何,直接关系着民航事业的发展前途。因此,民航各级党政领导干部不仅要有高度的思想政治觉悟、一定的专业技术知识和相当的组织管理能力,而且要有高尚的道德情操。他们除了应该严格遵守一般公民的社会公德以外,还必须以领导干部的职业道德来规范自己的言行,起到模范带头作用。

建设民航强国,需要造就一支忠诚、干净、敢于担当的民航党政领导干部队伍。对党忠诚可靠,是民航党政领导干部政治品格的核心。领导干部要始终坚定理想信念,不断强化政治意识,锻造坚强的政治品格。个人干净正派,是民航党政领导干部廉洁操守的根基。领导干部要始终心怀敬畏,主动接受监督,做人堂堂正正。履职担当有为,是民航党政领导干部应有的责任和使命。领导干部抓工作要严要实，要敢于迎难而上，善于运用群众观点，为人民群众提供持续安全和更有品质的航空运输服务，尽心谋事、尽力干事、尽责成事。为了建设这支队伍，制定适应民航特点而又切实可行的党政干部职业道德规范，就显得十分重要。

　　本书中所界定的民航党政领导干部的范畴是指民航局局属机关及直属相关单位，民航系统内各机场、航空公司及其他相关服务保障单位的从事管理工作的各级领导干部和一般干部。

## 第二节　民航党政领导干部职业道德的基本原则

众所周知,职级和权力成正比关系。作为领导干部,无论职级高低,或多或少都掌握着一定的权力。这就产生了应该如何掌握、驾驭权力,为谁使用权力的问题。到底是为党、为国家、为人民谋求利益,还是为个人、为小团体谋私利?这是一个原则性和根本性的问题。马克思主义认为,"以权为公"是无产阶级领导干部职业道德的基本准则。

首先,无产阶级的领导干部是人民利益的维护者。利益是道德的基础,任何道德都是一定社会集团利益的反映,并为维护一定社会集团的利益服务。无产阶级代表人类的大多数,它没有自己的特殊利益,它的利益就是广大人民群众的利益,它的道德就是以维护广大人民群众的利益为出发点和落脚点的。作为无产阶级的领导干部必然是人民群众利益的代表者和维护者,这种利益的一致性,就决定了无产阶级领导干部只能是掌权为公,用权为民,他们以解放全人类为己任,而没有个人的私利。

其次,无产阶级领导干部是历史唯物主义者。无产阶级的世界观认为,广大人民群众是社会物质财富和精神财富的创造者。在社会主义国家,广大人民群众是国家的主人,无产阶级干部则是人民的公仆和勤务员。干部和人民群众之间只是社会分工的不同,政治地位是完全平等的。因此,他们只有全心全意为人民服务的义务,而没有谋取私利的权利。如果背离了这项准则,就失去了做干部的起码条件。

另外,无产阶级领导干部的职业特点是从事领导和管理。也就是说,他们既不从事物质生产,也不从事一般意义的精神生产,这种职业特点极容易滋生特权思想，甚至形成特权阶层。因此，我们党特别重视干部如何掌握手中权力和使用权力这一问题，并经常教育干部要坚持"一个宗旨、两重身份"的原则。"一个宗旨"，即要求干部不论担任什么职务，都不要忘记"全心全意为人民服务"这一宗旨。"两重身份"，即要求干部一方面担当起领导者的责任；另一方面不要脱离群众，始终牢记自己是人民群众中的普通一员。"一个宗旨，两重身份"精确地概括了党对干部职务本质的认识。

我们党历来高度重视选贤任能，始终把选人用人作为关系党和人民事业的关键性、根本性问题来抓。治国之要，首在用人。也就是古人所说的："尚贤者，政之本也。""为政之要，莫先于用人。"新中国成立半个多世纪以来，党的绝大多数干部认真坚持了"以权为公"这一基本准则，经受住了考验，能够做到掌权为民、用权为民。但是，也有不少干部滋长了贪图享受、脱离群众的思想和作风。特别是在党实行改革开放和中国特色社会主义建设进程中，在资产阶级腐朽思想侵蚀下，他们不顾党、国家和人民的利益，大搞以权谋私，争名利、捞实惠、要待遇，有的甚至贪赃枉法，堕落成为人民的罪人。这种情况严重地损害了党在人民群众中的光辉形象，动摇了人民群众对共产主义的信念，挫伤了人民群众建设社会主义的积极性。对此，邓小平多次对领导干部的特殊化和官僚主义作风进行了严厉的批评和教育。《中共中央关于社会主义精神文明建设指导方针的决议》强调指出："我们党作为领导全国政权的政党，党员干部是全心全意为人民服务，还是做官当老爷、以权谋私、凌驾于人民之上作威作福，成为党风建设中一个特别重大的问题。"所以，正确对待和运用手中掌握的权力的问题，即以权为公，还是以权谋私，是无产阶级干部职业道德的基本问题，也是关系党风与社会风气的根本问题，必须引起各级领导干部注意。

习近平同志指出："党的干部必须做人民公仆，忠诚于人民，以人民忧乐为忧乐，以人民甘苦为甘苦，全心全意为人民服务。"民航业原本就是为民所用的行业，必须坚持以人民为中心的发展思想，真正实践"发展为了人民"的理念，始终坚持"飞行安全、廉政安全、真情服务"三个底线。为此,民航干部队伍建设要牢牢把握对党忠诚、个人干净、敢于担当这三个着力点。

## 一 只有对党忠诚,才能确保民航干部坚持正确方向,真正为人民群众着想

对党忠诚,既是党章规定的党员义务,也是入党誓词的重要内容。对党忠诚主要体现在两个方面:一是在思想上、政治上、行动上,爱党、信党、护党、跟党走,向党中央看齐,自觉与党中央保持高度一致,时时刻刻维护党的执政地位;二是在学习上、工作上、状态上,善于把党中央决策部署的精神内涵学深悟透、融会贯通,动脑筋、想办法,自觉贯彻到自己负责的具体工作中,遇到困难站得出来、顶得上去。总之,对党忠诚的干部,组织上才信得过。

衡量一名领导干部是否对党忠诚,必须看他能否坚持正确的政治方向。民航的干部都是党的干部,党的干部必须是为人民服务的干部。为人民服务,要求领导干部必须坚持正确的政治方向,在大是大非面前头脑清醒,在关键时刻立场坚定;必须有全心全意为人民服务的公仆情怀,心中永远装着国家和人民,自觉为党的事业和人民幸福夙兴夜寐、呕心沥血;必须政治品质优秀,善于从政治上观察、分析、解决问题,知行合一,言行一致,表里如一。其核心是必须做政治上的明白人,不仅政治能力强,思想定力、战略定力、道德定力也要特别过硬,经得起大风大浪考验。

衡量一名领导干部是否对党忠诚,必须看他能否坚持正确的理想信念。作为党的领导干部,必须有坚定的马克思主义信仰、坚定的社会主义和共产主义信念,无论遇到什么困难和挫折都不动摇或背离理想信念,矢志不渝。必须始终牢固树立正确的世界观、人生观、价值观,现在有些领导干部虽然经过组织的长期培养,但个人的价值取向却出了问题,追求的目标不再是事业的发展,而是个人所谓的社会地位,凡事讲待遇,甚至讨价还价,把理想信念丢在脑后。我党老一辈革命先烈为了理想信

念可以抛头颅洒热血，而现在有的干部遇到一点小小的个人待遇问题就轻言放弃，怎么能称之为理想信念坚定和对党忠诚？！所以说，衡量领导干部的理想信念是否坚定、是否正确至关重要，因为没有坚定正确的理想信念，忠诚就无从谈起。一心为己的理想、一心为私的信念，与我党全心全意为人民服务的宗旨是背道而驰的。

民航各级领导干部要对党忠诚，坚持正确方向，真正为人民群众着想，必须站在国家战略和国家安全的高度，必须对人民生命财产高度负责，始终坚持飞行安全底线。保证飞行安全是党中央对民航各级领导干部的重托，各级干部必须牢牢为党的事业坚持飞行安全底线，牢牢为人民生命财产安全坚持飞行安全底线，这个底线不仅是生命线，更是政治线，是检验民航干部对党忠诚的根本标准。保证飞行安全是民航各级领导干部对党最大的忠诚，只有确保飞行安全，民航的工作才能让党中央放心，让人民群众放心，为党和国家大局添彩而不是添乱。坚持对党忠诚，要求民航的各级领导干部必须牢牢坚持飞行安全底线毫不动摇。

## 二 只有个人干净，才能确保民航干部坚持正确道路，真正为人民群众谋利

个人干净，问心无愧。无论是做一名群众，还是做一名党员，尤其是做一名党员领导干部，个人干净都是非常重要的。对具有一定权力的各级领导干部，在这方面必须提出更高的要求。"善禁者，先禁其身而后人。""子帅以正，孰敢不正？"领导干部个人干净，才能以身作则、正己正人，才能清正廉洁、克己奉公，才能公私分明、为民谋利。一句话，个人干净的干部，组织上才能放心。

观察一名领导干部个人是否干净，首先要看他是否重视自律。自律就是心中有戒。心存善念的人就会心中有戒，立身正直的人就会心中有戒，做人厚道的人就会心中有戒。心中无戒的人，势必不慎微、不慎独、不拘小节，很容易演变成针尖大的窟窿透过斗大的风，最后发展到无法无天的地步，跌入贪欲的深渊。各级领导干部要保持个人干净，远离贪

欲，必须不断提高个人思想修养，追求高尚的道德情操，在大事小事面前做出正确的价值判断，不以恶小而为之，"见不善如探汤"，避之唯恐不及，努力做到"不以一毫私意自蔽，不以一毫私欲自累"，自觉追求健康的工作方式和生活方式，一生善始善终。

观察一名领导干部是否廉洁自律，还要看他是否敬畏他律。他律就是党纪国法，就是党组织和人民群众的监督。从严治党必须从严管理干部，从严管理干部必须把党的纪律立起来、严起来，把党的纪律挺在前面、纪严于法。衡量一名领导干部个人是否干净，关键看他是否守住了纪律红线、法律底线。随着依法治国的全面推进，我国的法治建设越来越健全，在全面从严治党的新形势下，党的反腐败决心越来越坚定，衡量一个干部是否遵纪守法的标准越来越明确，对干部的监督管理制度也越来越健全，让那些不把党纪国法放在眼里、自身不干不净的干部越来越难以掩饰自己。

民航各级领导干部要严格遵守党纪国法，必须时刻铭记"天网恢恢，疏而不漏"，只有自身正才能不怕影子斜。民航各级领导干部要保持个人干净，坚持正确道路，真正为人民群众谋利，必须不负人民的期望和信赖，始终坚持廉政安全底线。2016年1月1日起施行的《中国共产党廉洁自律准则》和《中国共产党纪律处分条例》就是民航干部坚持廉政安全的底线。民航各级领导干部应当把廉洁自律准则和纪律处分条例永远摆在案头，时时温习、时时对照、时时警醒，这是看得见的底线、摸得着的戒尺。我们必须把廉政安全视为生命安全，以案为戒，以案明纪，端正认识，知戒知止。坚持个人干净，要求民航的各级领导干部必须牢牢坚持廉政安全底线毫不放松。

## 三 只有敢于担当，才能确保民航干部勇于攻坚克难，真正为人民群众做事

敢于担当，就是敢于坚持原则，敢于认真负责。"为官避事平生耻"。习近平同志明确指出，敢于担当的表现就是面对大是大非敢于亮剑，面对矛盾敢于迎难而上，面对危机敢于挺身而出，面对失误敢于承担责任，

面对歪风邪气敢于斗争。担当大小，体现着干部的胸怀、勇气、格调，有多大担当才能干多大事业。一句话，敢于担当的干部，组织上才用得上。

考察一名领导干部是否敢于担当，要看他在工作中是否敢作敢为、勇于解难题。敢于担当的干部都是行动派，他们有一股干事创业、开拓进取的精气神，平常时刻看得出来、关键时刻冲得上去。民航各方面都要有一批这样勇于担当、有本事能办成事、遇到难题能解决的干部，决不能让要官要得凶、要待遇要得勤而遇到难题的时候推诿扯皮、上推下卸的干部有市场。难题面前看担当，在难题面前不回避、不退缩、不顾左右而言他，咬紧牙关想办法，不啃下硬骨头誓不罢休的干部才是民航事业发展最需要的好干部。

考察一名领导干部是否敢于担当，要看他在工作中是否锐意进取、善于解民忧。敢于担当的干部心中装的不是自己，而是人民群众，满脑子个人利益、个人得失的人往往是"溜肩膀"，惧怕担当。"衙斋卧听萧萧竹，疑是民间疾苦声。些小吾曹州县吏，一枝一叶总关情。"民航的各级领导干部接受多年党的教育和培养，理应超越古代官吏的思想境界，不仅要善于知民忧，更要积极主动，善于解民忧。人民群众最忧虑什么，最不满意领导干部什么，最盼望领导干部改进什么，最期待领导干部做好什么，领导干部心中是否真的记挂和思考这些问题，并善于想方设法积极解决这些问题，是考察其是否敢于担当的重要参照。

民航各级领导干部要敢于担当，勇于攻坚克难，真正为人民群众做事，必须牢记共产党人的根本宗旨，始终坚持真情服务底线。真情服务是一种境界，是从一切为了人民群众利益出发的真情服务。只有牢牢树立真情服务的理念，才能做到无私奉献、敢于担当，才能做到克己奉公、敢于亮剑。我们的党能够不断发展壮大，我们的干部能够赢得群众的信任和支持，最根本的还是要靠与人民群众保持血肉联系，要靠对人民群众饱含真情实感。对于真情服务最准确的理解，就是全心全意为人民服务。考察一名领导干部在真情服务方面做得怎么样，就是考察他的宗旨意识强不强、公仆意识强不强，为了人民群众的利益是否甘于奉献、是否敢于担当。坚持敢于担当，要求民航的各级领导干部必须牢牢坚持真情服务底线毫不懈怠。

总之，要在全行业广泛落实"发展为了人民"理念，坚持以人民为中心的发展思想，民航各级领导干部必须遵照党中央的要求，自觉把"三严三实"体现在坚持正确的政治方向上、体现在落实党中央重大决策部署上、体现在对分管方面的管理上、体现在严格要求自己上。归根结底要体现在对党忠诚、个人干净、敢于担当上，体现在始终坚持"飞行安全、廉政安全、真情服务"三个底线上。只有这样，才能培养铸就一支关键时刻信得过、能放心、用得上的坚强可靠的民航干部队伍。

## 第三节 民航党政领导干部的职业道德规范

### 一 民航领导干部的职业道德规范

2013年6月，习近平总书记在全国组织工作会议上，从战略和全局的高度，就坚持党要管党、从严治党，培养选拔党和人民需要的好干部这一主题，就"怎样是好干部""怎样成长为好干部""怎样把好干部用起来"三个问题，做了精辟而深刻的阐述，高瞻远瞩地提出了处在改革开放新的历史时期，好干部的标准是"信念坚定、为民服务、勤政务实、敢于担当、清正廉洁"。

联系民航实际，按照《公民道德实施纲要》的精神，根据建设有中国特色社会主义伟大事业和实现民航强国战略目标的需要，从民航党政干部的职业性质和特点出发，新时期民航党政干部道德规范体系，概括起来说，就是一个核心（全心全意为人民服务）、一条原则（集体主义）、五项基本要求（爱祖国、爱人民、爱劳动、爱科学、爱社会主义）以及政治道德和公务道德两大方面的具体规范。中国民航各级党政领导干部，由于所承担的岗位责任不同，其道德规范也不尽相同。这里只谈民航党政领导干部必须遵从的共同的、基本的道德规范。

#### （一）忠诚积极，谦虚谨慎

忠诚积极即胸怀坦荡，光明磊落，忠贞不贰，积极进取。作为民航领导干部，表现忠诚积极，首要一条是在政治思想上与党中央保持一致，信念坚定，坚决贯彻执行党的路线、方针和政策。只有这样才能做到思想统一，行动一致，保证有中国特色社会主义现代化建设有一个团结稳定的局面。对党的政策，不能搞断章取义，分割利用，符合自己口味的就执行，不符合自己口味的就不执行；更不容许搞"上有政策，下有对策"。否则，不仅违背了干部的职业道德，还违犯了党的政治纪律。

忠诚积极，谦虚谨慎作为民航领导干部的职业道德规范，有着不同于一般干部职业道德规范的特殊含义，它蕴含着如何处理人际关系的问题。

首先，如何对待上级机关和上级领导同志的问题。上级机关代表整体和全局。认真地执行上级机关的决议，尊重上级领导的意见，正确地贯彻上级领导的意图，积极地完成上级给予的任务，如实地向上级反映本单位的情况，及时请示、报告工作并提出可行的建议，都是忠诚积极的表现，都是职业道德规范的要求。但是，忠诚积极地服从上级领导，不等于唯上是从。对上级领导的缺点和错误，提出善意的批评，是对上级的爱护，同样是忠诚美德的一种表现。

其次，对待下级和群众，要以诚相待，平等待人。要有谦虚谨慎、虚怀若谷的美德。工作中，充分听取各级各种不同的意见，集思广益。绝不能摆官架子，盛气凌人，颐指气使，专横跋扈，甚至动辄训人，以势压人。

再次，对同级同志要精诚合作，谦虚礼让。工作上团结协作，取长补短，完成共同任务。发生意见分歧时，要开诚布公，坦诚相见。出现差错，要勇于承担责任，不可互相推诿。总之，相互间要顾全大局，切忌各行其是，各道其非，使党的工作遭到损失。

## （二）清正廉洁，秉公办事

清正廉洁，就是不贪污受贿，不玷污节操，一心为公，不谋私利。秉公办事，就是处事公道，一视同仁，不偏不倚。

做官先做人，做人德为先，贤德廉为本。领导干部廉洁从政，秉公办事，不仅是一种职业道德和制度要求，更是干事创业、延续政治生命的基本前提条件。旧中国的官僚由于贪赃枉法,徇私舞弊,腐败堕落而丧失民心,最终导致自己仕途的没落。共产党领导人民建立新中国之后,党政领导干部廉洁奉公的作风、艰苦朴素的精神,受到全国人民由衷的称颂,社会主义革命和建设事业因此兴旺发达。由此可见,领导干部是否清正廉洁,是关系党和政府的形象、关系人心向背的大问题,也是关系社会主义事业成败的大问题。

当前,中国民航事业正处在深化改革和蓬勃发展的关键阶段。在改革和发展的道路上难免会遇到许多意想不到的困难,可能使我们的事业遇到某些挫折。但是,只要我们的领导干部继续发扬为政清廉、秉公办事的光荣传统;敢于坚持原则,不徇私情,深入群众依靠群众,就一定能够赢得人民群众的信任和支持,改革就会取得成功。值得我们警惕的是,在当前对外开放的形势下,民航各级领导干部一定要保持清醒的头脑,提高识别能力,在改革和发展的进程中以清正廉洁的形象去赢得群众的信任和支持,增强内部的向心力和凝聚力,激发群众的热情,同心同德为民航强国建设和发展贡献力量。

不可否认的是,民航也有少数干部背弃了领导干部清正廉洁的道德准则,以权谋私,贪污腐败,倒买倒卖,腐化堕落,严重玷污了党和国家的形象,败坏了行业风气,挫伤了群众积极性,这是我们必须引起高度重视和认真解决的大问题。

## (三)勇于担当,坚持原则,团结协作

勇于担当是信念之基、力量之源。好干部要事不避难、敢于担当,培养坚持实事求是、开展自我批评、攻坚克难的优秀政治品格。无私才能无畏,无畏才敢担当。"纸上得来终觉浅,绝知此事要躬行。""四个全面"不是一句口号,"中国梦"和"民航强国梦"不能靠空想。"千斤重担我先挑",是好干部应具备的基本品质。敢于担当的干部,才能开展好工作;敢于担当的干部,才能凝聚好力量;敢于担当的干部,才能增进团结凝聚人心;敢于担当的干部,才能服务好群众。习近平总书记说过:"我认为认认真真地当好共产党的'官'是很辛苦的。我也没有听到哪一

个称职的领导人说过当官真舒服。"

坚持原则与团结协作,是相辅相成的两个方面。坚持原则就是坚持党的路线、方针、政策,国家的法律法令,民航的规章制度。团结协作就是同心同德、密切配合、互相支持、通力合作。

民航领导干部对人对事必须坚持原则,秉公处理。不因是亲朋好友而放弃原则,不因是反对过自己的人而压制打击,做到光明磊落、公道正派。排除"关系网"的干扰,遏制一切违反原则的不正之风。

要坚持原则,也要团结协作。民航事业是伟大的集体事业,既要有科学的、细致的分工,又要有严密的团结协作。因此,各单位、各部门之间在处理相关问题时,既要坚持原则,又要相互配合。

坚持原则与团结协作在实践中有时会发生矛盾。这就要求民航领导干部首先树立全局观念,在坚持原则时,要胸怀全局,遇到矛盾时,既不放弃原则,又能互谅互让,搞好团结协作。其次,要防止本位主义、小团体主义。从全局看,民航事业是一个整体,利益是一致的,但从局部看,各航空公司、各机场、各保障单位、各部门之间,又不能排除某些矛盾和利益的冲突。在处理这些矛盾和利益关系时,不能只考虑本单位、本部门的利益,而不考虑整体利益。最后,有了矛盾和问题,不能放弃原则,团结协作不是无原则的。这就要求,各单位各部门在坚持原则的基础上,协调相互之间的关系。

## (四)发扬民主,联系群众

领导干部从事领导和管理工作。这种职业的特殊性要求领导干部在工作中必须发扬民主,深入联系群众。因为群众是真正的英雄,群众有无穷的智慧和力量。密切联系群众是我们党的优良作风,也是领导干部应遵守的道德规范。能否与群众建立密切的联系,反映领导干部是否有强烈的民主意识,是否具有人民公仆、为民服务的素质。

在革命战争年代,党与人民群众血肉相连,共同战斗,终于取得革命事业的胜利。在社会主义时期,进行社会主义现代化建设,更需要联系群众,发扬民主,集中群众的力量和智慧,并自觉地接受人民群众的监督。其中,"两公开一监督"的制度就是密切党和人民群众关系的一种措施。这就是说,公布办事规章制度要群众了解干部处理事务的依据;公布办事结果,使群众了解事务的处理是否公正合理,让群众实施监督。这样做,既可以防止领导干部违反制度现象的发生,又可以密切领导与群众的关系。此外,党的十八大做出的在全党开展以为民务实清廉为主要内容的党的群众路线教育实践、"三严三实"和"两学一做"专题教育等一系列活动的指示,也是持续深入推进党的思想政治建设和作风建设的重要举措。

中国正处于由民航大国向民航强国发展的过渡期。民航领导干部仅凭现有的经验进行管理是远远不够的,为了适应新的发展需求,他们还必须与时俱进学习新的东西。这就需要深入实际、深入群众,广泛吸收群众智慧,提高领导水平。

密切联系群众必须增强民主意识。习近平同志多次强调民主建设问题。他说:"保证和支持人民当家做主不是一句口号、不是一句空话,必须落实到国家政治生活和社会生活之中。"对领导者来说,是否有民主意识,不仅是工作作风问题,而且是道德修养问题。党的十九大报告指出,"有事好商量,众人的事情由众人商量,是人民民主的真谛"。人民当家做主是社会主义民主政治的本质特征,协商民主是我国社会主义民主政治的特有形式和独特优势。民航领导干部一定要遵循党的领导,增强民主意识,密切联系群众,发扬民主作风,认真听取群众意见,采纳群众好的经验和办法,群策群力,把民航事业推向新的发展阶段。

## (五)以身作则,开拓创新

言行一致,以身作则是领导干部重要的道德规范。古语云:"身教胜于言教";"正人先正己"。领导干部言行一致,事事处处以身作则,身体力行,才有更大的感染力和号召力,起到"无声的命令"的作用。在革命战争时期,许多领导干部身先士卒,带头冲锋陷阵,吃苦在先,享受在后,从而赢得了广大群众由衷的钦佩和爱戴。在民航60多年的发展历程中,民航的许多领导干部保持和发扬了这种优秀的品质,吃苦在先,以身作则，给广大职工做出了表率。但是，在今天新的历史时期，也有极少数民航领导干部，居功自傲，放松了对自己的要求，无视群众监督。他们言行不一，嘴上说得好听，而实际做的则是另外一套，在群众中造成极为恶劣的影响，败坏了党的优良传统，玷污了党的崇高声誉。在当前形势下，严格要求民航领导干部模范地遵守党纪国法和一切规章制度，处处以身作则是非常重要的，凡要求下级、群众做到的，自己首先要做到，这样才具有说服力。

积极进取，开拓创新是当今世界科技迅猛发展，管理日益更新和我国改革开放形势下对领导干部更新更高的职业要求。过去，勤勤恳恳、兢兢业业，恪尽职守不松懈怠慢，就是优秀干部。新时期党提出了新的历史使命，仅仅做到这些是不够的，它要求领导干部认清当前新形势和历史提出的新任务，发扬奋发进取、开拓创新精神，努力学习新的业务知识和现代管理科学，不断更新观念，在工作中做到有所发现、有所发明、有所创造、有所前进。努力克服思想僵化、墨守成规、因循守旧、无所作为的不良思想作风。当然，提倡开拓创新并不是要搞急躁冒进，一定要反对那种违反科学规律的不负责任的态度。我们要把创新精神与科学态度结合起来，使民航事业既迅速又稳妥地发展。

### （六）任人唯贤，知人善任

"任人唯贤"一语，出自《尚书·咸有一德》："任官惟贤才"，意思就是要任用有道德、有才能的人为官。毛泽东曾经指出："在这个使用干部的问题上，我们民族历史中从来就有两个对立的路线：一个是'任人唯贤'的路线，一个是'任人唯亲'的路线。前者是正派的路线，后者是不正派的路线。"[①] 毛泽东将二者提到了干部路线的高度来论述，可见这是一个非常重要的问题。因此，在任用干部问题上，我们必须坚持"任人唯贤"，坚决反对"任人唯亲"。

"任人唯亲"就是用人不以人才为标准，而是以关系亲疏远近、好坏，

---

① 《毛泽东选集》第2卷，人民出版社，1991，第527页。

感情好恶为标准，甚至拉拢私党，另立"山头"，搞宗派主义。这是我们应该坚决抵制的。"任人唯贤"，不同阶级有不同的标准。毛泽东指出："共产党的干部政策，应是以能否坚决地执行党的路线，服从党的纪律，和群众有密切的联系，有独立的工作能力，积极肯干，不谋私利为标准，这就是'任人唯贤'的路线。"① 在这条路线的指引下，我们党选拔和造就了一大批德才兼备的干部，成为赢得革命战争和社会主义建设事业胜利的重要保证。改革开放前后，为了适应社会主义现代化建设的新要求，根据新时期的实际情况，我们党提出了干部要革命化、年轻化、知识化、专业化的"四化"方针，并写入党章。当前，中共中央印发的《党政领导干部选拔任用工作条例》突出强调要坚持群众公认原则，树立注重基层导向，把信念坚定、为民服务、勤政务实、敢于担当、清正廉洁作为好干部的标准。民航的领导干部也应该以上述方针和标准任用人才。

知人善任是民航领导干部在用人方面的领导艺术，是选拔任用干部的重要原则，也是必须实践的道德规范。

所谓知人，就是要全面了解人才，正确识别干部。民航领导干部对任用的人要历史地、全面地进行了解，要从工作实践中了解他的德才条件，了解他的长处和短处，了解他擅长从事的工作和不适宜担负的任务，了解他的优点和缺点，了解他的兴趣爱好。总之，对人的了解，不仅要看他的一时一事，而且要看他的全部历史和全部工作，以便对人有一个全面正确的认识和评价，作为善任的前提和基础。

所谓善任，就是在知人的基础上，合理使用干部，善于根据工作的需要，恰当地把人安排到最适合发挥他的作用和才能的工作岗位上，以便最大限度地发挥他的积极性和创造精神，为民航事业做出贡献。只有做到"知人善任"，才能不埋没人才。

领导干部要做到知人善任，必须深入群众、依靠群众，即任用干部时，不仅要听取领导的意见，而且要听取广大群众的意见，把领导和群众的意见结合起来。这既有利于选拔干部，也有利于对选拔任用干部实

---

① 《毛泽东选集》第 2 卷，人民出版社，1991，第 527 页。

现民主监督，应逐步形成制度。

要做到知人善任，领导干部在认识上就不能有片面性，不能只了解人的这一面而不了解另一面；不能只了解他的今天，而不了解他的过去；不能只强调最初的印象，而排斥对人的认识的深化。如果领导干部认识上有片面性，以偏概全，就很难做到"知人善任"。

要做到知人善任，思想上就不能有本位主义，不能只强调本单位的需要，而不顾及全局的需要。目前，一些高端人才在流动中受阻，常常就是由于本单位领导有本位主义思想所造成的。有本位主义思想的领导干部，很难做到知人善任。

要做到知人善任，还要正确理解党的方针政策。有的领导干部对干部的"四化"方针理解不深，认为贯彻干部的知识化、专业化的方针，即是把精通专业，在学术、技术方面造诣很深的学者、专家选拔到领导岗位上去而不考虑他的管理能力和领导水平。在这种片面理解干部"四化"方针情况下，势必造成选拔到领导岗位的学者、专家不能胜任工作，造成人才的浪费。这样做就违背了知人善任这一道德规范，造成用人上的失误。

## 二　民航党务干部的职业道德规范

民航的党务干部主要是指从事党委班建设、基层党组织建设、党员队伍建设的干部。他们的工作不同于民航企、事业单位中从事行政管理、经济管理和技术管理的干部。但是，他们在民航事业的改革和发展过程中，起着十分重要的作用。通过他们的工作，马克思列宁主义、毛泽东思想、邓小平理论、"三个代表"重要思想、科学发展观与习近平有中国特色社会主义的新理念新思想新战略，被传达到民航广大工作人员中，提高工作人员的政治理论水平和政治思想觉悟，使其更好地完成本职工作。与此同时，民航党务干部又将民航广大工作人员的思想、情感、心理、愿望、要求及时反馈到民航的上级领导机关，使领导者在制定方针、政策，做出决策时有群众基础和客观依据。通过民航党务干部深入细致的工作，党和职工群众紧密地联系起来。可见，党务干部起着承上启下的作用，他们的工作像一条红线贯穿到民航工作的各个部门各个方面，像丝丝细雨浸润着广大从业人员的心田。

新时期在有中国特色社会主义民航强国建设进程中，特别是在新时期有中国特色社会主义精神文明建设进程中，必须建立一支有高度政治思想觉悟、一定马克思主义理论水平、模范地遵守党纪国法、有高尚道德情操、热爱思想政治工作的党务干部队伍。通过他们的不懈努力，民航职工群众的政治觉悟、道德情操和思想水平得以提高，从而促进民航事业的发展和进步，为民航强国战略的实施奠定基础，为国家创造更多的物质财富和精神财富。

## （一）思想过硬，信念坚定

马克思主义是无产阶级和人类解放的科学，是无产阶级的世界观。中国共产党是马克思列宁主义与中国工人运动相结合的产物。我们党一贯以马克思列宁主义作为指导思想的理论基础，学习和坚持马列主义、毛泽东思想，是每个干部必须遵循的基本原则。作为民航的党务干部，更要首先学好马克思主义，武装自己的头脑，树立正确的世界观和人生观，坚定正确的政治方向，这样，才能在政治上、思想上同党中央保持高度一致，带头贯彻执行党在社会主义初级阶段的基本路线和一系列方针政策，并同各种错误倾向做斗争。而且马列主义、毛泽东思想是思想政治工作的理论基础，只有认真学习马列主义、毛泽东思想，有了正确的立场、观点和方法，才能胜任自己的本职工作。

理论上清醒，政治上才能坚定。坚定的理想信念，必须建立在对马克思主义的深刻理解之上，建立在对历史规律的深刻把握之上。一个时期以来，资产阶级自由化思想泛滥，宣传马克思主义过时了，不适合中国的国情，否认马克思主义的指导地位。在这种思想影响下，一些人忽视和放松了马克思主义理论学习，在政治上迷失了方向。因此，今天要特别强调马克思主义理论学习，必须把学习马克思主义放在党务干部应遵循的职业道德规范的首位。

学习马克思主义必须有一个科学的态度。马克思主义不是教条，而是行动的指南。学习马克思主义要领会其精神实质，而不是死记硬背条文，要把理论与实践结合起来。就是说，要学会运用马克思主义的立场、观点和方法去分析政治形势，并解决工作实践中遇到的问题。只有以马克思主义为思想武器，并有的放矢地做思想政治工作，才能很好地履行自己的工作职责。

## （二）热爱党务，恪尽职守

党的思想政治工作是向人们传播先进思想，解决人们政治思想、政治观点和政治立场问题，提高人们思想觉悟的工作。它的直接任务是宣传党的路线、方针和政策，动员广大群众为实现党的当前和长远的战略目标而努力奋斗。民航党务干部必须充分认识思想政治工作的重要意义，热爱思想政治工作。以高度的职业责任感、事业心和政治热情，自觉地完成党赋予的光荣任务。党的工作重点转移到社会主义经济建设方面来之后，一些人产生了某种错觉和糊涂观念，似乎思想政治工作不重要了，党务干部可有可无了。特别是社会上鼓吹资产阶级自由化的人，竭力贬低甚至否定思想政治工作。在这种情形下，我们党内一些干部包括部分党务干部在内，对党务工作的重要性产生了怀疑和动摇，认为做党务工作没有前途、没有出息。

事实教育了人们，使人们认识到，任何时候任何情况下，思想政治工作都不能放松。在党的工作重点转移之后，在现代化经济建设中，特别是在改革、开放的形势下，党的思想政治工作尤为重要，思想政治工作只能加强，不能削弱。这是关系党和国家、民族生死存亡的大事。对民航来说，是关系民航事业兴衰的大问题。因此，作为民航的党务干部，一定要充分认识思想政治工作的重要性，热爱思想政治工作。要恪尽职守，勤勤恳恳，兢兢业业，勇于克服困难，勇于承担责任，锐意进取，立志做一名优秀的党务干部。

## （三）关心群众，以诚相待

要做好思想工作，首要的条件是必须取得群众的信任。而要得到群众的信任，就要尊重人、理解人、关心人，尊重职工群众的人格、意志和愿望，要理解职工群众的困难和要求，把他们的喜、怒、哀、乐放在心上，关心他们的疾苦，满腔热忱地为群众服务。只有这样才能取得群众的信任，做群众的贴心人。

做思想工作是最艰苦、最困难的一项工作。党务干部在做思想工作时，切忌高高在上，以教育者自居，说大话，唱高调，动辄训人，这样会使群众产生逆反心理，敬而远之，使工作遭到失败。对待自己的工作对象要以平等的态度，予以热情关怀，循循善诱，以诚待人，以理喻人，以情感人。只有这样，群众才愿意倾吐衷肠，听从劝导，解开思想疙瘩，从而激发热情，增强凝聚力，奋发向上，积极进取，齐心协力，共同奋斗，把民航事业推向前进。

## （四）严守纪律，严格保密

严守纪律是干部职业道德的基本要求。对民航党务干部来说，更有其特殊意义。邓小平指出："我们这么大一个国家，怎样才能团结起来、组织起来呢？一靠理想，二靠纪律。组织起来就有力量。没有理想，没有纪律，就会像旧中国那样一盘散沙，那我们的革命怎么能够成功？我们的建设怎么能够成功？"[1]这一段话，极为深刻地揭示了严守纪律的重要意义。

革命纪律是革命胜利的基本条件之一，没有严明的纪律，就不能战胜敌人。"加强纪律性，革命无不胜"是实践已经证明的真理。我们搞建设，必须有一个安定团结的政治局面，如果没有纪律作保障，各行其是，势必破坏正常的社会秩序、生产秩序和生活秩序，造成社会动荡，治安混乱，建设就无法进行。

---

[1] 《邓小平文选》第3卷，人民出版社，1993，第111页。

中国民航是一个庞大的组织系统，一个有机的整体。其行业特点要求有高度的集中统一和严明的组织纪律。要求各个部门、各个单位紧密联系，协调运转。如果没有铁的纪律作保障，就可能造成严重后果。因此，民航干部尤其是党务干部要带头遵守纪律，做出榜样。

民航党务干部要严守纪律，就是要坚决贯彻执行党的路线、方针、政策，严格遵守民航的各种条例、条令和各项规章制度。服从上级的领导和指挥，在工作中发挥主动性、积极性和创造性。所有这些既是完成各项任务的有力保障，也是民航党务干部的职业道德要求。

严格保密是遵守纪律的重要内容，对民航党务干部来说尤为重要。民航是国内外敌人窃密重点，民航党务干部接触机密较多，应该高度警惕，必须做到不该说的坚决不说、不该问的坚决不问，以免给单位和国家造成严重损失。

要做到严守纪律，必须克服无政府主义和自由主义。"文化大革命"中无政府主义思潮及以后资产阶级自由化思潮，给我们的事业造成严重的灾难，给严守纪律带来重大的冲击。因此，民航党务干部必须以身作则，带头清除其影响，否则，严守纪律只能是一句空话。

此外，关于清正廉洁、不谋私利、以身作则、言行一致也是民航党务干部必须遵循的道德规范。我们在民航领导干部的道德规范中，已有详细论述，这里不再具体阐述。

# 第四节　民航党政领导干部职业道德的基本要求

民航领导干部职业道德，有其一整套的基本要求和衡量标准。有些干部职业道德规范特别引人关注，其中包括干部职业活动的决策、用人、交际、言语、生活的道德要求。

## 一　严谨细致，科学决策

决策，是领导干部的根本任务之一，贯穿于领导工作过程的始终。任何一级领导，包括从中央到地方，从最高部门到基层单位都是如此。一位领导干部要想使自己做的决策系统化、定量化、综合化和科学化，不仅需要掌握丰富而又真实的第一手材料，具备一定的专业理论知识，而且需要讲求决策之德，要有强烈的责任感，广泛的知识面和博大的胸怀。

1. 决策的风险性要求领导干部具有强烈的责任感

干部对自己所承担的职责具有强烈的责任感，高度负责，这是决策之核心，是做好决策工作的根本前提。没有这种强烈的责任感，就会使决策成为主观武断或者是导致决策的落空。

2. 决策的科学性要求领导干部具有广阔的知识面

要做到决策科学化，既要有尊重科学、服从科学的精神，又要有驾驭科学决策的能力。同时，决策的科学性就是决策者用科学的思维方式，以科学理论为指导，按照严格的科学程序，去认识问题，解决问题。决策需要有渊博的知识。决策者只有具有社会科学和自然科学知识，精通业务技术，才能提高决策水平和应变能力。知识贫乏，势必会对问题判断不准确，在决策时举棋不定，甚至做出错误决策。当然，决策的领导干部并不一定都是专家，但一定要懂行。他们应该是"专家中的杂家"，"专才中的通才"。决策领导干部的知识面构成，包括五个方面。一是掌握马克思列宁主义的基本原理，这是最根本的理论基础。二是通晓现代管理科学。三是掌握本行业、本部门、本专业的基本理论，基础知识和基本技能。四是密切注意国内外政治、经济、科学、技术、文化、教育等方面的发展动向，熟悉国内外本行业的法律、法令、条例和有关规定。五是了解和熟悉一些指导科学决策的理论，如系统论、信息论、控制论、社会学、心理学、数学等，使做出的决策具有更强的科学性。

**3. 决策的民主性要求领导干部具有博大的胸怀**

要做到决策的科学化，必须有决策的民主性作基础；而要做到决策的民主性，决策领导干部所具有的博大胸怀是保证。决策的民主性，简单地说，就是用集体决策来代替个人决策，决策集中体现集体的智慧，而不是个人或少数几个人说了算。要切忌四种非理性因素：一是个人或小团体之间的成见；二是以感情代替原则和科学，即以"熟人好办事"，以"老战友、老部下、老上级、老乡亲"私情为准则来决策；三是先入为主，哪种想法最先到脑子里，就首先成为"真理"，后来者一概排斥；四是感情冲动，一意孤行，铤而走险。

## 二 善于用人，尊重人才

在世界一切事物中，人是最宝贵的。是否善于用人、尊重人才，直接关系国家的盛衰、民族的兴亡、事业的成败。当今世界经济的竞争、政治的竞争、军事的竞争，归结起来最基本、最重要的就是人才的竞争。

在这种国际形势下，我们的领导干部就更应该认识到人才的重要性。因此用人之德是领导干部道德规范中重要内容之一。

俗语云："得人才者昌，失人才者亡。"举才要坚持德才兼备。我们党历来坚持德才兼备的选才用人标准。德是指人的政治思想，包括政治观点、世界观、人生观、品德和作风等。才是指人的知识、经验和能力。不同的时代，德和才的具体内容不同。在当前，德才兼备的具体内容就是革命化、年轻化、知识化和专业化。当前，特别要注意防止重才轻德的片面性，坚决反对把那些好搞歪门邪道的所谓"能人"当作"人才"加以重用的倾向。

## 三 擅长沟通，言之有物

沟通，是现代人生活的一个重要内容。沟通的深度与广度，更是当今社会管理和领导工作成败的关键之一。为了高效地开展工作，领导干部必须协调好单位内部以及上下级之间、同事之间、友邻之间乃至社会各方面的关系，创造出相互理解、协作和支持的良好工作环境条件。因此，擅长沟通就成为领导干部特殊的职业内容；具备团结协作，擅长沟通的技能，能够妥帖地处理好上下左右的关系，乃是领导干部道德规范的必要组成部分。

一切从实际出发，实事求是，是我们党的思想路线。在现实生活中，各级干部必须坚持做到实事求是，言之有物。一要搞好调查研究。毛泽东说："没有调查就没有发言权。"[1] 二要联系实际情况。如果我们言之无物，超越了客观现实情况，就会造成意见和客观的分离，导致实践的失败。三是创造性的言物。特别是对于上级的指示精神，在认真贯彻执行、严守组织纪律的同时，一定要和本地、本单位的实际情况结合起来加以执行。如果不考虑怎么结合实际情况去贯彻执行，只是满足于当"收发室""传达室"，上级指示、决策乃至中央的精神就落不到实处，或是没有真正落到实处。上级指示得不到真正贯彻，本地区本单位的具体问题也得不到真正解决。

**问题与思考**

1. 结合实际，谈一谈对民航领导干部的职业道德要求。
2. 结合实际，谈一谈对民航党务干部的职业道德要求。

---

[1] 《毛泽东选集》第3卷，人民出版社，1991，第791页。

# 第五章
# 民航专业技术人员职业道德

民航强国，科技先行。民航作为现代交通运输业，具有知识、技术、资金和人才高度密集等特征。在整个航空运输的全流程中，需要各类专业技术人员提供有力的科学技术支撑。因此，全面加强民航专业技术人员队伍职业道德建设，努力培养一支政治信念坚定、精神追求高尚、职业操守良好，人民群众满意的民航专业技术人员队伍，使专业技术人员的道德水平、能力素质和作风修养进一步提升，更好地服务于民航强国战略发展需要、服务于人民群众需要，为全面实现科教兴国战略实施提供思想政治保证、人才保证和智力支持，重要而又迫切。

## 第一节　民航专业技术人员的职责和作用

专业技术人员队伍是一个企业或者行业兴旺发展所必需的人才队伍中的一支重要力量。专业技术人员的技术实力，是除了设备技术硬件之外的软实力，基本可以代表一个企业甚至行业的技术水准。早在1978年改革开放基本国策刚开始实行的时候，邓小平在全国科学大会就提出，"科学技术是第一生产力，专业技术人员才是企事业单位的先进生产力"的重要论断，我国迎来"科学的春天"。1995年，江泽民同志在全国科学技术大会发表重要讲话，号召大力实施科教兴国战略，形成实施科教兴国战略热潮。2006年，胡锦涛同志在全国科学技术大会发表重要讲话，部署实施《国家中长期科学和技术发展规划纲要（2006—2020年）》，动员全党全社会为建设创新型国家而努力奋斗。2012年，党中央、国务院召开全国科技创新大会，号召我国科技界奋力创新、为全面建成小康社会提供有力科技支撑。2016年，习近平总书记在全国科技创新大会、两院院士大会、中国科协第九次全国代表大会（简称"科技三会"）上再次强调要深入实施科教兴国战略和人才强国战略，他强调"科技是国之利器，国家赖之以强，企业赖之以赢，人民生活赖之以好。中国要强，中国人民生活要好，必须有强大科技"。这意味着在我国发展新的历史起点上，科技创新被摆在了更加重要的位置，也吹响了把我国建设成为世界科技强国的号角。

2016年党中央颁布的《国家创新驱动发展战略纲要》明确指出，我国科技事业发展的目标是"到2020年时使我国进入创新型国家行列，到

2030年时使我国进入创新型国家前列，到新中国成立100年时使我国成为世界科技强国"。民航作为现代交通运输业，具有知识、技术、资金和人才高度密集等特征。在整个航空运输的流程中，需要各类专业技术人员提供有力的科学技术支撑。因此，全面加强民航专业技术人员队伍建设，努力培养造就一支政治信念坚定、精神追求高尚、职业操守良好、人民群众满意的民航专业技术人员队伍，使专业技术人员的道德水平、能力素质和作风修养进一步提升，更好地服务于民航强国战略发展需要、服务于人民群众需要，为全面实施科教兴国战略提供思想政治保障、人才保障和智力支持，重要而又迫切。

本文所指的民航专业技术人员是指在民航系统内各单位拥有特定的专业技术执业资格并从事专业技术工作的人员。按照中国民用航空总局发布的《民航主体系列高级专业技术职务任职资格评审办法》《民航工程技术中级专业技术职务任职资格评审条件》等规定，民用航空专业技术主要指飞行技术、工程技术（含民用航空器维修与适航、空中交通服务、机场工程、通用航空等）、民航运输经济、会计、高等学校教师（民航特有专业）和航空医学等。尽管民航从业人员的专业领域各不相同，但是都在民航运输的不同阶段或者不同环节发挥着巨大的作用。部分技术人员负责如下。

飞行专业技术人员的职责：从事民航航空器的驾驶，包括飞行前的检查以及起飞和降落工作。

机务专业技术人员的职责：从事民航航空器修理和适航审定工作。

航行专业技术人员的职责：从事空中交通管制航行情报、飞行签派、航行空域管理及飞行程序设计等应用技术研究与开发等工作。

本章节的任务是着重从飞行、机务、空管等技术部门的角度，揭示民航专业技术人员职业活动中道德行为和道德关系的一般规律，进而探讨和提出民航专业技术人员应具备的基本的职业道德规范和要求。

## 第二节　民航专业技术人员的职业道德规范

社会主义民航事业的发展，需要一支高质量、高水准的专业技术人员队伍。这支队伍不仅需要具备良好的专业知识和技能，而且必须具备良好的职业道德素质。因此，不断提高专业技术人员的道德素质是民航专业技术队伍建设的重要方面。专业技术人员的职业道德是指民航各类专业技术人员在职业活动中，调整专业技术人员之间以及他们与集体、社会之间关系的社会意识和行为规范的总和。而专业技术人员的职业道德规范，是对专业技术人员职业活动的道德行为的基本要求的概括。专业技术人员在职业实践活动中，只有自觉履行他们的职业道德规范，才能在民航强国战略实施进程中充分发挥自己应有的作用。

### 一　追求真理，奉献社会

追求真理，奉献社会是历史赋予专业技术人员的光荣使命。在新的历史时期，实现中华民族伟大复兴是中华民族近代以来最伟大的梦想。我国现代化建设的目标是"到我们党成立100年时建成惠及十几亿人口的更高水平的小康社会，这是中国梦的第一个宏伟目标；到新中国成立100年时基本实现现代化，建成富强民主文明和谐的社会主义现代化国家，这是中国梦的第二个宏伟目标"。这是中国空前伟大的事业，是全国人民为之共同奋斗并将在21世纪中叶达到的宏伟目标。作为一个热爱祖国、拥护社会主义的中国人，应该充分了解和认识自己所应承担的历史责任，树立高度的责任感和道德情感，把追求真理、发展科学技术、实现中华民族伟大复兴作为自己的神圣职责和崇高的道德追求。我国民航现代化是社会主义现代化建设的一个重要组成部分。民航专业技术人员，要深刻认识党和国家赋予自己的历史使命，明确自己在民航现代化建设中的重要地位和作用。早在20世纪80年代改革开放初期邓小平就已经指出："应该是使每个科学技术人员都了解他所从事的科学技术工作同实现四个现代化的伟大目标的关系，鼓舞和动员他们以革命的精神，和衷共济、大力协同、努力攻克科学堡垒，攀登科学高峰。"[①] 2016年，习近平同志在"科技三会"上再次强调："我们最大的优势是我国社会主义制度能够集中力量办大事。这是我们成就事业的重要法宝。过去我们取得重大科技突破依靠这一法宝，今天我们推进科技创新跨越也要依靠这一法宝，形成社会主义市场经济条件下集中力量办大事的新机制。"[②]

"穷理以致其知，反躬以践其实。"科学研究既要追求知识和真理，也要服务于经济社会发展和广大人民群众。我们要探求真理、发展真理，要为实现中华民族伟大复兴贡献力量，必须树立热爱真理和忠于真理的信念，培养对祖国现代化事业的热爱和忠诚的情感、信念和理想，必须把它作为自己毕生奋斗的事业。有了高度强烈的事业心，才能以满腔的热忱、坚强的意志投身亿万人民参加的伟大事业中去，才能经得起困难和挫折的打击，经得起生死的考验。这就是说，我们应该具有为科学真理和实现中华民族伟大复兴的伟业而献身的大无畏精神。献身精神对于专业技术人员，有着特殊重要的意义。因为现代民航技术的探索、研究本身是一种极为艰苦的劳动。为了解开民航科技之谜，造福人民，就需要有不怕艰辛、知难而进，生命尚存、奋斗不息的可贵精神。现代民航技术特别是飞行领域内的专业技术的探索又往往具有一定的危险性。因此，就更需要具备不畏艰险、不怕牺牲的英雄气概和高尚情操。正如马克思所说："没有平坦的大道，只有不畏劳苦沿着陡峭山路攀登的人，才

---

① 《邓小平文选》第2卷，人民出版社，1994，第99页。
② 《为建设世界科技强国而奋斗：在全国科技创新大会、两院院士大会、中国科协第九次全国代表大会上的讲话》，人民出版社，2016，第14页。

有希望达到光辉的顶点。"①

## 二 德才兼备，尽职尽责

专业技术人员必须德才兼备，又红又专。这是由社会主义发展科学技术的方向和需要所决定的。民航事业作为社会主义现代化事业的一个组成部分，它要始终坚持社会主义的发展方向，坚持全心全意为人民服务，为社会主义现代化建设服务的宗旨。这就必然要求专业技术人员具有坚定正确的政治方向，热爱祖国，忠于人民，努力为社会主义现代化建设服务。在现阶段，对专业技术人员在"德"方面的要求，从根本上说就是始终不渝地在坚持四项基本原则的前提下坚持改革开放。四项基本原则是党对中国革命和社会主义建设经验的科学总结，是立国之本，也是我国民航现代化建设的根本性指导原则。对待四项基本原则的态度，就是对待我国社会整体利益和民航事业发展的态度。专业技术人员要充分认识坚持四项基本原则的重要意义，树立四项基本原则的根本观点，并以此为核心来形成、发展和完善自己的品德。同时，坚持四项基本原则与改革开放的辩证统一，构成我党以实现社会主义现代化为目标的基本路线。改革开放也是我国社会发展的必然要求，是实现全国人民根本利益的必然要求。每一个专业技术人员必须高度认识坚持党的基本路线的政治价值、道德价值，坚决地贯彻执行党的基本路线，为实现其规定的宏伟目标而不懈努力。

要为社会主义现代化建设服务，就必须学习和掌握科学技术知识，精通业务，具有熟练的专业技术技能，这就是"才"。专业知识和技术技能是完成本职工作的基本手段。业务技能本身虽不是道德，但其水平高低，直接关系工作质量好坏，关系旅客、货主、用户利益，也关系国家和民航的声誉。所以，通晓业务，在技术上有所专长，专业技术人员都要勤奋学习、刻苦钻研、勇于探索，掌握完成本职工作所必须具备的本

---

① 《马克思恩格斯全集》第23卷，人民出版社，1972，第26页。

领,并不断进取、精益求精。现代科学技术的发展日新月异,民航技术迅速发展和更新,对专业人员业务素质的要求越来越高。只有勤于学习、善于思考、不断更新知识和技术,专业技术人员才能成为专业上的行家。比如在飞机维修上,机务部门过去很长时间沿用传统的定时维修的理论和方法,这是与当时飞机的技术特征相适应的。现在随着大量先进机型的引进,这种维修方式已过时。因为现代新型飞机从设计、制造到使用和维修都采用了以可靠性为中心的理论和方法。因此,对新型飞机采用了以视情维修、状态监控为主,定时维修为辅的新维修方式。维修人员只有及时更新知识,才能适应新型机种的维修工作需要。

"红"与"专"两个方面是相辅相成的。专业技术人员具备了为实现社会主义现代化而奋斗的政治觉悟,必将给科技的研究和实践带来巨大推动力,使科学技术在民航生产中发挥越来越大的作用。而掌握好各项科学技术,又能更好地为社会主义现代化建设服务。同时在此过程中,又能不断锤炼专业技术人员的道德意志,坚定他们的道德信念,提高他们的政治觉悟和道德水平。专业技术人员只有把红与专两个方面结合起来,才能成为用高超的专业技能为人民服务的品德高尚的人。

又红又专作为行为规范,主要要求专业技术人员在职业活动中,忠实地履行国家和人民通过社会分工所赋予他们的社会义务和社会责任。所以,专业技术人员必须充分认识自己所承担的职业责任和职业义务,以主人翁的态度对待自己所从事的职业劳动。一般说来,主人翁的劳动态度包含两种境界层次,即共产主义劳动态度和社会主义劳动态度。共产主义劳动态度表现为不计报酬、乐于奉献。在我国社会里,它既是成千上万伟大的共产主义者的道德实践,也是许许多多先进分子的自觉道德要求。社会主义劳动态度则表现为诚实劳动、恪尽职守。社会主义民航职业道德要求每一个专业技术人员,首先必须树立社会主义的劳动态度,在此基础上,积极提倡培育和树立共产主义的劳动态度。因此,专业技术人员应当正确地看待本职工作,安心尽职工作。对本职工作要充满热情和乐趣。民航技术工种繁多,技术深浅各异,工作环境和物质待遇差别也较大。然而,它们只是分工形式不同,并没有高低贵贱之分,最终都是为实现安全飞行提供服务，都是必不可少的。民航业专业技术人员要消除对一些技术工作的偏见，消除鄙薄本职工作的心理，把忠实履行本职工作看作一种职业责任和荣誉。树立乐于奉献的共产主义劳动态度，这是民航专业技术工作的一种客观要求。民航行业性质和特点，决定专业技术人员有的需要在高空高速的环境中工作，有的需要在高原、海岛上生活，有的孤军作战在沙漠或山峰，有的不避严寒酷暑在场外作业，等等。专业技术人员只有具备无私奉献的品德，才能尽职尽责。比如，2011年民航局、空管局和中国民航报社、中国民航出版社联合启动的"边远台站万里行"活动中报道的一个个鲜活生动的个体或者团队，他们是中国民航空管系统长期坚守在边远导航台站的一线职工，他们是中国民航几乎不为人所知的一个特殊群体，他们为了航路的畅通和飞行的安全，几乎常年驻守在条件艰苦的边远台站，以台站为家，以艰辛为乐，与寂寞相伴，默默地奉献自己的青春、心血、幸福和年华。要树立无私奉献精神，必须反对斤斤计较个人得失和按劳付酬两种错误思想。斤斤计较个人得失就不可能自觉服从组织分配，承担和完成艰苦困难的任务，也就不可能做出自己应有的贡献。按酬付劳思想是一种雇佣思想，有这种思想的人，必然消极对待工作、敷衍塞责、马虎从事，不可能发挥自己的聪明才智。因此，这两种思想都是与无私奉献精神相对立的。这两种错误思想都根源于利己主义，是利己主义在劳动态度上的两种表现形式。只有破除利己主义，大公无私的奉献风尚才能树立起来。

## 三 实事求是，尊重科学

实事求是，尊重科学是指人们在从事科学技术研究及其运用的活动时，必须从客观存在的事物出发，正确分析和认识客观事物内在的本质联系即规律性，尊重并按照客观规律办事。对于民航专业技术人员来说，具备实事求是、尊重科学的态度和品格，有着特别重要的意义。首先，现代民航以知识密集、技术密集为特征，各类技术专业业务都是极其严密和细致的工作。实事求是，尊重科学应作为专业技术活动的立足点和出发点。也就是说，专业技术人员在专业技术学习、研究和应用的过程中，必须坚持严谨的态度和作风，不能松懈、不能疏忽，必须尊重事实和客观规律，认真按科学规律办事。其次，民航专业技术工作是一种航空实践活动，具有更加严格、严肃、严密和严明的特点。民航从事航空运输生产和提供服务，主要是在空中实现的。空中飞行的工作性质，决定了民航专业技术工作必须具有高度的科学性、准确性和统一性。为了保证飞行安全和空防安全，保证空中和地面各项工作正常进行，各行各业人员必须恪尽职守，协调一致，配合默契。而作为民航生产各环节骨干的各类专业技术人员应该具有更加严肃的态度，严格的要求，严密的作风，严明的纪律，始终坚持按照科学规律办事，杜绝任何粗枝大叶、敷衍塞责、马虎从事的现象，做到专心致志，一丝不苟。我国几十年来民航生产实践证明，实事求是，尊重科学是专业技术工作自身的客观需要，也是专业技术人员在事业上取得成功的唯一途径。每个专业技术人员必须养成尊重科学的严谨作风和实事求是的优良品格。

## 四 立足全局，密切协作

从全局利益出发，协同合作是现代科学技术发展的重要特征和趋势。马克思说："许多人在同一生产过程中，或在不同的但互相联系的生产过程中，有计划地一起协同劳动，这种劳动形式叫做协作。"① 现代科学技术的发展表明，协作在科技活动中具有越来越重要的地位和作用。一项科技成果的获得，不只是要有单个人的努力，而且是必须综合千万人的智慧；一个人的发明创造，需要建立在千百万人的业绩的基础上。人类所取得的每一个巨大科技进步，都是集体智慧的结晶。现代科学在基础理论方面，学科达400余种，在技术理论方面，学科达500多种，整个科学门类达2000多个。一个人要想全部掌握这么多门类的知识，确实是难以做到的。这就必须依靠分工基础上的团结合作，协同攻关。根据统

---

① 《马克思恩格斯全集》第5卷，人民出版社，2009，第378页。

计，在诺贝尔奖金设立之后的头25年，合作研究获得者占获奖总人数的41%，在第二个25年，这一比例上升到65%，而在第三个25年，这一比例达到79%。这说明，集体协作已日益成为科研活动的主要形式。与此相适应，科技人才的组合也日益趋向合理化、高级化，形成了多学科、多层次的人才群体结构。民航作为现代化航空运输和生产部门，技术结构综合化、人才组合集团化的特点更加突出。因此，专业技术工作的开展、科研活动的进行，必须合理组织力量，依靠各工种、各专业、各学科协调配合，合作攻关，发挥集体的智慧，才能事半功倍。

要搞好专业技术活动中的团结协作，就要坚持从全局利益出发的原则，它的主要要求是从协作集体的整体利益出发，坚持个人利益服从集体利益，小集体利益服从大集体利益，暂时利益服从长远利益，坚持在保证集体利益的前提下实现集体利益同个人利益的结合。当个人利益与集体利益之间出现矛盾和冲突时，只有坚持贯彻从全局出发的原则，才能使矛盾得到恰当的调节和处理，巩固和发展良好的道德氛围和内部凝聚力。

团结协作是专业技术工作中基本的道德关系。社会主义协作是建立在公有制基础之上的，劳动者根本利益一致，使社会主义协作具有广阔范围和稳定可靠等显著特征。它不仅存在于一个企业内部各个车间和各道工序之间，而且存在于不同企业之间、不同部门和不同地区之间。形式多样的社会主义协作包含丰富的道德要求，体现了崭新的道德关系。民航专业技术人员在职业活动中所发生的一系列人与人之间的关系，本质上是团结协作、互助互利的关系。这种关系是由社会主义制度所决定的，是社会主义生产关系和社会关系在道德领域的必然反映。同时，也反映了当代科技事业和民航技术发展的客观要求。所以，社会主义的集体协作关系，是专业技术工作中的一种基本的道德关系，是处理专业技术活动中内部关系和外部关系的一项基本的道德规范。民航在专业技术工作中需要调节和处理的道德关系是多种多样的。但是，概括地说，主要有上下级关系、同行同事关系、师徒师生关系、部门之间关系和协作单位之间的关系等。它们都是需要靠社会主义集体协作道德规范来进行调节。在处理上下级关系时，要求上级尊重下级的意见，平等待人；同时要求下级服从上级的领导，执行任务积极，相互配合自如，反馈信息及时等。在处理同行同事关系时，要求和睦相处，相互信任、相互理解、相互支持，通力合作。在处理师徒师生关系时，要求师傅或老师热爱关心徒弟或学生，毫不保留地把自己的知识、技能和经验传授给他们，同时要求徒弟或学生尊重师傅或老师，认真学习他们的知识、技能、经验和良好的职业道德品质。在处理部门之间或协作单位之间关系时，要求恪守信用，顾全大局，相互配合，相互支持，共同完成预定的任务。

现代民航是先进科学技术和科学管理的密集型行业。民航内部各个部门，各种专业，密切联系，相互依赖，共同组成一个有机整体。民航各项工作要正常运转，只有在各个部门、各行各业集体协作的基础上才能实现。如保证飞行安全，这是一项综合性指标。它是飞行、机务、航行、运输、后勤、修建等各个部门协调合作，全体职工特别是专业技术人员共同努力的结果。如果某一个部门，某一个环节上发生一点差错，一丝一毫的疏忽，都可能危及飞行安全，扰乱正常工作秩序。只有飞行人员操作处理恰当正确，机务维修保证飞机性能良好，航行调度指挥准确无误，气象预测及时精确，后勤保障优质正常，运输服务配载科学可靠，空防部门保证安全，医护部门保证职工身体健康等等，才能够实现飞行安全。民航工作的性质和特点，决定了民航内部各单位、各类专业技术人员在团结协作和密切配合问题上，比任何其他部门或职业不仅要求更严，标准更高，而且具有经常性、广泛性、持续性等特点。因此，立足全局，密切协作，是民航道德生活的重要内容。民航各部门、各行业工作人员，特别是广大专业技术人员，必须树立全局观念，发扬协作精神，这是衡量真职业道德修养水平的重要尺度。

## 第三节　关键岗位专业技术人员的职业道德要求

民航各个业务技术部门既有共同的职业道德规范，又有各自特殊的职业道德要求。飞行、机务、航行作为民航主要的业务技术部门，直接参与飞行和飞行保障，具有技术性更强、工作质量标准更高等特点，从而在职业道德上也有更加严格的具体要求。飞行、机务、航行技术人员除了必须遵守共同的职业道德规范外，还应当遵守各自的职业道德要求。只有这样，民航工作人员才能更好地履行自己的道德义务。

### 一　飞行技术人员的职业道德要求

飞行技术人员（包括驾驶员、领航员、飞行机械员、飞行通信员，以下简称飞行人员）担负着驾驶飞机和操纵机上设备，从事航空运输生产和服务的重要任务。他们是民航运输特殊的技术人才，也是民航运输最直接、最基本、最重要的力量。飞行人员的职业素质，直接决定着民航运输任务的飞行品质和社会声誉，影响着一个航空公司甚至整个民航行业的生存和发展。飞行人员这种不同于其他职业的特殊性，要求他们必须具有更高的职业道德素质。

#### （一）政治可靠，信念坚定

优良的政治思想品质是合格飞行人员的首要条件，人的思想决定行动，国家和旅客的生命财产都掌握在飞行人员手中，过硬的政治思想素质，是飞行技术人员保持正确"飞行方向"的前提。

首先，要确立对旅客和货主高度负责的职业情感。爱岗敬业是党和国家对飞行人员的基本要求和做好安全飞行工作的基本前提，也是飞行人员应具备的最基本的思想觉悟和先决条件。飞行人员直接为旅客和货主提供服务，他们的职业责任心如何，直接关系服务质量和安全保障。飞行人员有了高度的职业责任感，就能遵循旅客至上、用户第一的服务原则，做到和蔼热情、礼貌相待，想旅客之所想、急客户之所急，热情周到地为他们提供优质的服务。

其次，要有坚定的信念和强烈的爱国心。这是热爱祖国、热爱人民在民航职业道德中的体现和升华。它要求飞行人员不仅遵守热爱祖国的国民公德，而且要达到忠于祖国的道德境界。飞行人员只有忠于社会主义祖国，才能做到不怕困难，不畏艰险，排除万难，出色完成任务；才能坚定正确的政治方向，自觉地抵制拜金主义、利己主义、享乐主义等腐朽思想的侵蚀，用正确的立场、观点和方法指导行动，维护祖国的声誉、尊严和主权。

再次，要有同危害人民利益的敌对分子和坏人做斗争的坚定的信念。飞行人员手里掌握着现代化飞机，经常需要直接同敌对分子和坏人做斗争。当国家和人民利益受到威胁，面临侵害时，飞行人员能不能挺身而出，迎战邪恶，这是对飞行人员的严峻考验。飞行人员具有对国家和人民利益高度负责的精神，忠于祖国的情操，就能够坚决地同敌人和坏人进行勇敢机智的斗争，并夺取胜利。在这方面，远有20世纪80年代的王仪轩英雄机组、近有2012年"6·29"和田劫机事件反劫机英雄机组，他们都已经做出了榜样，表现出极为宝贵的职业道德。

## （二）技术过硬，作风严谨

随着时代发展和科技进步，现在的飞行技术已不仅限于"一杆两舵"，在很大程度上表现为对先进知识和技术的运用。飞行技能作为一种不同于地面职业技能的特殊能力，除了要求飞行员在生理上和心理上应具备适当飞行的某些特征之外，在技术上还严格要求飞行员的操作技能必须高度熟练，达到炉火纯青、得心应手的程度。这是飞行安全与正常的技术保障。飞行中情况复杂，变化迅速。如果操作生疏，出现迟疑和错漏，就会造成严重后果。只有操作娴熟、恰当、协调、正确，才能实现顺利飞行。因此，飞行员必须全面地掌握飞行技能，并把这种技能发展为娴熟的操作技巧。这就需要勤学苦练，努力钻研，不断提高技术和操作技能；需要认真学习专业理论，熟练地掌握技术理论原理和概念、机上设备的性能、结构、操作规程和方法，使自己具有扎实的飞行技术理论基础；反复模拟演练事故处理预案，把每一个机型换新都当作初学来看待，把每一次的改装和模拟机的训练，都当作提高自身飞行理论水平、操作技能和安全飞行知识的一次契机。发展飞行能力还需要具备多方面航空知识素养。飞行人员要尽可能多地涉猎相关学科知识，广泛摄取知识营养，用丰富的航空科技知识武装自己头脑。为了适应复杂多变的空中环境，飞行人员需要具备特殊情况下沉着机智、果断正确处理的能力。有了这种能力，飞行人员就能够在突发事件面前临危不乱，正确判断和处理，避免飞机和人员遭到损害，或使损失降到最低程度，以尽到自己的崇高职业责任。

"身体是飞行人员的本钱，技术是飞行人员的基础，作风是飞行人员的保障。"从这句话中可以看出，一名飞行人员身体再棒、技术再好，没有严谨的飞行作风安全就没有保障。飞行人员需要在高度复杂、瞬息万变的飞行环境中工作。这种工作环境绝不允许飞行人员有丝毫粗心、马虎和疏忽。因为任何差错发生都可能危及飞行安全。这就决定了飞行人员必须具有精心细致、一丝不苟的工作态度和作风。严谨的飞行作风是一名优秀飞行员必备的素质，它能保证各项规章制度始终如一、不折不扣地执行，能够让机组在复杂的情况下保持冷静的头脑，准确判断，正确处理，化险为夷。细节决定成败，一个看似不经意的细节，却往往对结果有着举足轻重的作用。如果飞行人员心中时刻都有"超重落地"的概念，从而经常检查预计着陆重量，就不会出现真的"超重落地"；如果着陆前认真研究目的地机场的滑行路线就不会"滑错机位"；如果心中有QAR数据限制就不会有"建立着陆形态晚"的情况出现。根据这一职业道德要求，飞行人员在飞行前必须认真严肃地做好准备，包括技术、资料、身体、心理等方面的准备。不管是执行熟悉的任务；还是执行不熟悉的任务；不管是顺利的时候，还是不顺利的时候，飞行人员都应该认真细致地做好准备工作，要根据所执行任务的特点，制定出特殊情况下处置预案。只有细致、缜密、全面地做好飞行前准备，飞行安全与正常才有可靠保障。在飞行中飞行人员必须专心致志，精心操作。飞行作为一门技术科学，有它自身固有的规律性。飞行人员要遵循其固有规律实施飞行实践。它体现在飞行操作上，就是要严格按照操作规程和技术要求办事，丝毫也不能凭主观臆断行事。有的飞行员对如何进行正确操作全懂，但就是不严格照着操作程序去做，违背职业道德要求，结果导致事故发生。飞行人员具有了熟练的飞行技能，又具有严格按照飞行规律办事的认真工作作风，才能真正做到确保飞行安全，完成飞行任务。

### （三）遵章守纪，纪律严明

飞行作为一种应用性航空技术活动，具有现代化、专业化特征，是需要严密组织和精心指挥的空中实施过程，它有着自身特殊的运行规律。现行各种民航条例、规程、规则、规定、细则等规章，是以往实践经验的科学总结，其中有的是前人用鲜血甚至生命换来的。它们是人们对民航运行机制及规律的正确认识成果，并付诸法规、规范。因此，这些民航规章是组织飞行实践活动的基本依据，也是飞行人员的行为准则。遵守它们，就是尊重科学，就是按照客观规律办事。也只有严格遵守它们，才能有效避免事故发生，保证安全生产和飞行，提高服务质量和经济效益。严守规章，就必须学习规章，牢记规章，树立牢固的规章观念。养成按章操作的良好职业道德。要反对有章不循的不负责态度和做法。飞行过程中情况变化快，常会出现一些意料不到的问题，如果离开规章凭感觉、想当然行事，就会使行为失去科学依据，难免发生事故。至于违章操作、鲁莽蛮干，必然会危及飞行安全，必须坚决禁止。

飞行人员的另一条道德要求是严格的纪律素质。严格的组织纪律性是社会化大生产的共同要求。民航作为现代化的航空运输服务部门，社会化和专业化程度高，而且，各种飞行任务是在高度流动、高度分散的状态下进行的，这就必须实行严格管理和严格纪律。严格管理，钢铁纪律这本身就是一种战斗力。因此，每一个飞行人员要养成高度的组织纪律性，自觉遵守纪律。服从指挥，做到令行禁止，反对任何纪律松弛现象。遵守纪律的观念和习惯要靠平时养成，从一点一滴做起。违犯了纪律要诚恳做自我批评，坚决改正。在远离领导执行任务的情况下，更要遵守纪律，与领导保持联系，凡事一定请示汇报，自觉地把个人置于组织的指挥、监督和管理之下。应当做到"慎独"，在独自活动、无人监督的情况下，恪守自己的职业道德信念，严格约束自己，按照职业道德要求行事。总之，飞行人员要正确认识和处理个人自由与组织纪律的关系，养成遵守纪律的良好品质，自觉、严格遵守各种纪律。

## （四）底线思维，团结协作

强化飞行安全的"底线思维"是对飞行人员的基本要求。坚持安全第一，增强自身飞行安全相关业务知识；坚守飞行安全底线，切实做好飞行安全管控工作，是每个飞行人员必须认真忠实履行的职责和使命。民航运输生产和服务，是通过空中实施过程来完成的。民航一切工作成果，都要在安全飞行生产上最终体现出来。而民航各行各业所做的安全保障工作，要靠机组飞行人员把它落到实处，最终转化为现实。这就向飞行人员提出必须保证飞行绝对安全的职业道德要求。根据这一要求，飞行人员要具有强烈的安全意识。而强烈的飞行安全意识，首先来自其对航空安全重要性的深刻认识。航空事故无小事。如果说地面保障单位或部门恪守"时间就是金钱，效率就是生命"的信条，那么对航空企业来说，金钱和效率只有在飞行安全的基础上才能得到。飞行安全是民航一切工作的出发点和归宿。因此，飞行人员要牢固地树立"安全第一"的思想，时时想着安全，事事为着安全，绝不能存在丝毫麻痹和松懈。强烈的安全意识还来自对旅客生命和国家财产高度负责的责任感。飞机上天，旅客生命和国家财产就交给了飞行人员。保证旅客和国家财产安全，完成生产飞行、训练飞行等任务，是飞行人员神圣的职责。有了高度负责的职业情感，飞行人员就能够为维护旅客利益和国家财产安全着想，在遇到危急情况时，也能够在必要情况下不惜牺牲自己的生命，来保证旅客生命安全，避免国家财产遭受损失，这是飞行人员崇高职业道德的体现。

团结协作的核心是责任心，是负责精神、敬业精神的综合体现。同时飞行人员还要遵循飞行客观规律，并能结合实际，解决实际问题，所有的行动和决断要有依据，做到有章有法。团结协作能力主要体现在两个方面。一是指对机组资源的管理能力。机组资源管理是一项复杂的工作，它不仅涉及驾驶舱管理，也涉及客舱管理。飞行人员（尤其是机长）的管理能力是机组保证飞行安全的重要因素。飞行人员应具备良好的管理组织协调能力和自我约束能力，对自己有正确的评价，妥善处理好上下级关系、机组成员间的关系，正确协调好与旅客、空管、机场等各种关系。二是指人际交往能力。随着社会分工的日益精细以及个人能力的限制，人际合作与沟通已必不可少。飞行人员并不是只与飞机"交流"，还需要积极主动地参与人际交往，培养团队协作精神，营造出良好的驾驶舱工作氛围，从而保证信息交流的畅通，相互弥补，及时纠错。

## 二　机务维修人员的职业道德要求

机务维修工程是为民航提供生产和训练能力的重要物质技术基础。机务人员作为一支重要的专业技术队伍，直接从事机务维修工作，为民航生产、服务和训练飞行提供技术状况完好的飞机。机务维修质量，直接关系飞行安全与正常。及时地提供良好和正常技术状态的飞机，使飞机安全获得可靠的物质技术保障，是机务人员的主要职责。这就要求机务人员必须具有"质量第一"的职业道德。

### （一）精心维修，确保质量

机务人员要为安全生产提供高质量的维修服务，首先必须具有对飞行安全高度负责的职业责任感。民航生产与地面生产相比，在安全上具有更严格的要求和标准。它要求做到万无一失，绝对安全。如前文所述，飞行事故非同小可，一旦在飞行安全上出了问题，特别是发生了严重事故，不仅损害民航自身的生产力和竞争力，而且造成人民生命财产的重大损失，造成恶劣的社会影响。因此，机务人员从事飞机的维护、翻修、修理和改装工作，在保证飞机可靠性和飞行安全上负有重要职责。只有机务人员牢固地树立"安全第一"思想，有了对安全高度负责的道德情感和道德自觉性，才能坚持高标准、严要求，努力做好本职工作。其次，机务人员必须有质量第一的工作态度。任何职业都讲求质量，要求和鼓励人们努力提高工作质量，反对和谴责不讲质量的态度和行为。民航机务维修工作直接关系飞行安全；关系旅客生命和国家财产的安全。因此，对工作质量的要求更严格。其道理很简单，地面车辆若抛锚可随时停靠路边检修，而飞机飞行中若出现故障，后果将不堪设想。这就要求机务工作质量必须达到绝对可靠的程度，即要达到优质、及时和效率三个方面的要求。优质即飞机各项维修必须坚持符合技术标准，不能丝毫降低标准；及时即根据运输飞行、专业飞行和训练飞行的不同性质和各自的不同具体要求，进行各项维修工作，及时提供符合适航标准的飞机；效率即在优质基础上提高劳动效率，从而提高飞机技术状态完好率。只有确保维修质量第一，飞行安全才有保障。再次，必须养成脚踏实地、一丝不苟的维修作风与习惯。机务维修是一种精细的技术工作，来不得半点马虎和大意。机务人员有这样的口号："不能放过一个故障疑点，不能让故障隐患带上天"。而要发现和排除故障隐患，就需要发扬细致深入的工作作风。在维护工作中，由于机务人员责任心不强、作风不细致而出现的差错事故时有发生。如飞机加滑油后未盖好加油口盖子而导致发动机滑油在空中漏光；飞机起飞前忘记取下起落架保险销子而引起飞机起飞后返航；等等。这些差错事故威胁飞行安全，影响飞行正常。所以精心维修，确保质量是机务维修工作中一项重要的职业道德要求，机务人员必须严格遵守。

## （二）业务熟练，精益求精

机务人员要为安全生产提供高质量的维修服务，从专业技术上讲，必须熟练掌握本职业务知识和技术技能。这不仅因为专业知识和技术技能是为人民谋利益、为社会做贡献的本领，非掌握它不可，还因为现代机务维修工作具有知识密集、技术复杂、要求严格等特点，机务人员只有精通本行业务，具备娴熟的专业技术技能，才能圆满完成所担当的任务。特别是机务外场维护又带有突击检修的显著特点，机务人员要在短时间内完成对飞机的全面检查；尤其是飞机出现故障时，要对故障做出正确的分析和判断，并迅速予以排查，使飞机保持良好的技术性能，如果没有丰富的业务知识、经验和熟练的技能是根本不可能达到的。人们把机务维修人员比作飞机的"保健医生"。他们只有掌握了高超的专业技术技能，才能在飞机出现异常情况和故障时，及时发现，正确处置。所以每一个机务人员应该努力学习本职业务知识和技术，做到熟悉它、精通它，使自己成为一个称职的机务工作者。

由于现代民航技术发展迅速，新机型、新设备、新工艺、新方法不断涌现。随着我国对外开放的扩大和发展，中国民航已走向世界，跻身于国际民航前列，与世界各航空公司也建立了技术与业务联系，交流日益频繁。机务人员业务技术素质的高低和工作质量的优劣，将直接关系民航竞争能力的强弱，直接影响我们国家和民航在世界上的声誉。因此，机务人员还必须具有对业务技术精益求精的精神，不断探索、不断开拓、不断进步，努力学习和掌握当代民航先进技术，争取为实现民航的现代化做出较大贡献。总之，精通业务，精益求精是时代发展的客观要求，也是我国民航事业发展的客观需要。这就决定它必然成为机务人员所必须遵循的一项职业道德要求。每一个机务人员只有认真地照着它去做，才能更好地履行自己的职责和道德义务。

### （三）作风严谨，尽心服务

民用航空企业，从产业性质来说，属于服务行业。机务人员从事机务维修工作，直接为民航安全生产与训练提供技术性能良好和正常的飞机。因此，机务维修工作从本质上说，就是一种更直接的职务性工作，即为民航安全生产与训练提供机务保障服务。机务工作的这种特点，决定了机务人员必须牢固地树立全心全意为安全生产与训练飞行服务的思想。这是对机务人员的又一项职业道德要求。首先，它是全心全意为人民服务这一崇高共产主义道德在机务部门中的具体化。在中国民航，全心全意为人民服务既是人们的一种崇高的道德追求，也是一种高尚的道德实践，它们是有机统一的。二者的统一主要体现在人们忠实地出色地做好本职工作上。所以，机务人员应该把全心全意为人民服务与自己的职业理想和职业活动结合起来，在各自的岗位上，尽心尽力地履行职责，努力为安全生产和训练提供优质服务，并在这一过程中使自己的职业理想和职业行为不断得到升华和进步，最终达到全心全意为人民服务的崇高道德境界。其次，全心全意为安全生产与训练服务体现了机务工作的本质要求。从总体上说，民航内部各行各业都是为安全生产服务的，它们共同构成了相互联系的服务体系。但是，机务人员是向机组和飞行员直接提供飞机和机上设备的，其维修服务质量如何，直接决定飞行安全有无可靠的物质保障。因此，机务保障服务是整个服务体系链条中最关键的一个环节。机务人员只有树立全心全意为安全生产服务的思想，搞好机务维修工作才有可靠的思想基础，从而才有可能实现安全运输生产和训练。遵照上述职业道德要求，机务人员要充分认识机务维修工作在民航整个服务体系中的地位和作用，增强职业责任感和职业道德意识，极大地激发工作热情和干劲，把自己的全部心血倾注到本职工作中去，专心致志地为安全生产服务。机务维修工作需要与内外协作单位和用户建立广泛的业务交往和联系，特别是外场维护人员需要时常为过往经停飞机维修，与机组人员联系更频繁。机务人员要有主动、热情和周到的服务精神，这样才能不断提高维修质量，赢得荣誉，才能与用户和机组建立和谐、友好的协作关系，并逐步形成良好业风、促进民航安全生产的发展。

### （四）遵章守纪，严谨诚实

任何社会化大生产和服务都需要有相应的规章和纪律来维护和保障。民航机务维修工作本身是一个组织严密、技术复杂的系统工程，更需要内外、上下各个方面相互间的协调和统一。在科学总结机务维修工作实践的基础上，民航局制定、颁布了各种条例、规程、手册和其他技术文件，形成一套完整的机务工作规章、纪律、制度。它们是开展机务工作的基本依据，是实现安全生产、提供优质服务的保障，同时也是机务人员在劳动过程中实现彼此联系的一种形式。因此，遵章守纪不仅关系机务维修工作本身正常进行，而且关系飞行安全、人民生命财产安全的大问题。它具有重要的道德意义。那么，机务人员怎样根据这一道德要求来规范自己的行为呢？首先，要学习和熟悉各种规章，特别是对一些操作规程必须高度熟悉，并且牢记。要树立遵守规章的道德意识，并在实践中不断锻炼和提高遵章守纪的自觉性。有了高度的自觉性，就能够在任何条件下恪守规章，并逐步养成这种良好道德习惯。其次，必须严格按照规章办事。遵章守纪贵在自觉，也贵在严格要求。如果要求松懈，有章不循，再好的规章也不能发挥应有的功能和作用。因此，机务人员执行规章绝不能打折扣、搞折中，也不能时而执行，时而不执行，必须全面地一贯地贯彻执行，不能图一时省事而疏忽大意，更不能抱着侥幸心理，违章操作。俗话说"不怕一万，就怕万一"。偶然中包含必然。如果忽视操作规程，盲目蛮干，总有一天会酿成严重的机务事故，威胁飞行安全。机务部门历来具有"严"字当头、一丝不苟的优良传统，在长期实践中涌现出许多遵章守纪的先进事例。但是，机务维修工作中违章操作、违章蛮干等现象也时有发生，造成一些威胁飞行安全的机务事故和地面事故，给国家和人民生命财产安全带来危害。教训告诫我们，违背规章必定要出乱子；只有严格遵章守纪，才能实现安全生产。最后，要真正严守规章，还必须做到严谨诚实，胸怀坦荡。这就是说，机务人员在执行规章过程中，必须以正确的态度对待自己可能出现的过错，一旦违反规章，必须如实汇报。特别是当做出违章行为，造成机务严重事故时，要主动报告，及时采取相应措施，以避免祸及飞行安全。并且要深刻地进行反思和检查，认真总结，汲取教训，杜绝类似违章现象的再次发生。这样做，是具有职业道德的表现。相反，如果违反规章而隐情不报，掩饰过失，则是令人鄙视的不道德行为。只有采取严谨诚实的态度，敢于坚持真理，改正错误，才能把遵章守纪的道德要求贯彻到底。

### （五）刻苦耐劳，勤俭节约

机务维修是一项艰苦而复杂的工作。机务外场维护一般需要露天作业，不避日晒雨淋、酷暑寒冬。执行专业飞行任务时机务维修人员还要在野外工作，生活和工作环境更艰苦。内场工作虽然一般在室内进行，但它技术要求高、工作要求细。为了突击完成任务，机务维修人员还时常需夜以继日地工作。从事机务维修的先辈们在建设、发展新中国民航事业过程中，以吃大苦、耐大劳的革命精神，为保障安全生产和机务建设做出了积极贡献。现在，机务人员仍然需要继承和发扬前辈们这种传统美德，以适应机务维修工作迅速发展的需要。例如，在航线维护任务迅速增长的今天，机务人员不仅要有科学态度，还必须具有吃苦耐劳的实干精神，才能保证维修质量稳定可靠，从而为提高飞机的完好率和日利用率打下基础。机务人员要做到刻苦耐劳，具体说来，就是要脚踏实地，扎实工作，任劳任怨地完成任务；在工作中不怕困难，不怕艰苦，坚决履行职责，充满信心和毅力，要敢于挑重担，对时间紧、困难多的艰巨任务，要主动承担，想方设法圆满完成。

勤俭节约从本质上讲是爱护、尊重人民的劳动成果。通过劳动成果的节约，增加物质财富提高经济效益，从而维护和增进国家、人民和个人的利益。对民航来说，只有全面厉行节约，才能降低生产经营成本，增加企业盈利。所以，勤俭节约不仅具有经济意义，而且具有道德意义。机务人员实行勤俭节约，主要要求爱护飞机、设备，爱惜器材、工具，精心维护飞机，认真保养和正确使用设备，在保证飞行安全所需的前提下尽量减少物耗。对修理工作人员还要求精心设计和加工，尽可能不出废品，避免非正常消耗。要禁止肆意浪费、损坏公物，以及私拿公物为己所用等不道德行为。要形成以勤俭节约为荣，爱护公物为美，损坏公物、损公肥私为耻的职业道德舆论，鼓励和表彰勤俭节约的先进典型，促使勤俭节约风尚在机务人员中发扬光大。

## 三　航行技术人员的职业道德要求

航行技术工作是民航组织与实施飞行，进行安全生产和经营管理的重要手段。由航行调度、航行情报、通信导航和气象等方面的人员所组成的航行业务技术队伍，是民航保证安全生产和训练的一支重要技术力量。随着民航生产力的增长和现代化建设的发展，对航行业务保证工作的质量、效率和时限要求越来越高。从而，在职业道德上，对各类航行技术人员也相应地提出了具体要求。航行业务部门的技术分工较细，对各类技术人员的道德要求也不尽相同。这里，仅就其中一些具有共性因素的道德要求加以阐述。

### （一）精心组织，团结协作

航行调度业务是民航飞行管理的主要工作之一。从我国民航情况看，航行调度的基本业务范围就是组织和指挥飞行，具体包括负责飞行指挥的空中交通管制和负责组织飞行的航行调度两方面。保证飞行安全与正常，正确的组织与指挥是关键。这就要求航行调度人员（包括空中交通管制员、航行调度员、飞行签派员等）必须做到精心组织指挥，搞好部门之间的协作和服务。遵循这一条道德要求，首先，要树立对飞行安全高度负责的职业道德责任感。航行调度人员处在飞行组织和指挥第一线，工作中一言一行、一举一动都与飞行安全直接相关。因此要深刻认识保证飞行安全是自己的天职，从而明确自己肩负的重任，热心本职工作，不计较个人得失，不片面攀比职业之间物质待遇，专心致志地履行社会赋予自己的职责。否则，就不能集中精力、一心一意地搞好本职工作。

其次，必须具有高度熟练的技术技能。飞行的组织和指挥是一门复杂的科学技术，只有具备非常熟练的技术技能，才能在错综复杂的情况下从容应对。飞机高速度、高密度的飞行状态，气象条件的千变万化，地形地物的复杂性，等等，都是影响飞行安全的因素。航行调度人员要在这种瞬息万变的环境中运筹帷幄，实施正确调度指挥和安全服务，必须依靠敏捷的思维、正确的判断、果断的指挥、规范的语言，而这些都来源于丰富的知识、经验和熟练的技能。飞行安全无小事，飞行组织指挥也无小事，绝不允许任何错、忘、漏现象发生，因为任何差错都会危及飞行安全。所以，航行调度人员要认真学习业务技术，不断提高专业水平，熟练掌握履行自己职责所必备的技术技能，为实施正确的组织指挥和提供优质的空中交通服务打下良好技术基础。

最后，坚持以调度指挥为中心的协作机制，准确及时地提供空中交通服务。航行调度人员主要从事组织飞行、维护空中交通安全、提高飞行效率的空中交通服务。中国民航在保证飞行安全的实际工作中，逐渐形成以调度指挥为中心的协作机制，即通过调度指挥部门的核心作用，协调各个业务技术部门的工作，使各个部门相互配合，密切协作，共同保证飞行安全，完成生产任务。这就要求航行调度人员必须全面地掌握飞行保障工作的情况，根据飞行计划，组织协作部门按时完成准备工作，杜绝责任性延误，争取飞行正常；根据安全、正常和效益的原则，严格实行对空中交通的管制，合理控制空中交通流量，确切掌握飞行动态，及时调节飞行冲突，主动为飞行人员和其他各个协作部门提供飞行信息，根据保证安全的需要，通过对各协作部门飞行前的检查和飞行后的讲评，及时纠正差错，消除事故隐患。总之，发挥航行调度人员的主观能动性，以调度指挥为核心，形成各个飞行保障部门相互协作的整体，共同完成安全生产和训练任务。

## （二）恪守职责，讲求时效

民航通信导航业务是保障安全生产和正常飞行的一项重要工作。

只有保持通信迅速准确、导航稳定畅通，才能充分发挥通信导航工作保障飞行安全的职能和作用。因此，迅速、准确、畅通，提高保障效能就成为通信导航人员的职业道德要求。根据这一要求，通信导航人员首先必须具有高度的职业责任心。通信导航人员借助各种通信设施和导航设施，给飞行人员和地面其他保障部门传递航行信息和经营管理信息，导引多种类型飞机在昼夜复杂气象条件下，安全起落、正常生产和训练，人们把他们比喻为飞行员的"眼睛"和"耳朵"。可见，通信导航工作对保障飞行安全与正常具有多么重要的意义。此外，通信导航工作又具有单位分散、服务面广、时限要求高等特点。以导航台为例，它们遍布全国各地，特别是很多导航台分布在崇山峻岭、高原沙漠、边疆海岛，那里交通、气候、生活等条件很差。但是，通信导航人员不怕艰苦和困难，坚守岗位，日夜为过境飞机提供通信导航保障，表现出高度的职业责任感。正是由于他们对飞行保障工作有了深刻的认识，树立了职业责任感和荣誉感，所以，他们才能够以导航台为家，以苦为荣，恪守职责。他们的先进事迹和高尚职业道德情操，很值得赞扬和学习。

其次，必须具有高度的组织纪律性和时间观念。通信导航工作对时效性、连续性和准确性要求很高，不允许发生延误、遗漏和差错现象。比如按照国际民航组织规定，不论电报通过多少个转报点，飞行动态报送从始发电台到抵达电台的传递时限为5分钟，通信人员绝对不能违背这个时间标准。在导航方面，导航台站人员必须根据各种飞行实际需要和有关开关机通知或定时开机的规定，及时打开导航设备，正确地进行操作，才能在使用时间内有效地提供导航保障。因此，通信导航人员要严格遵守通信规章和纪律，细致认真地按照业务规程进行通话、通报，在工作中分秒必争，讲求时效，提高效率。这样才能保持通信畅通，导航可靠，实现保障安全飞行、生产和训练的效能。

最后，必须不断提高技术水平和保障能力。通信导航工作技术性强，技术要求高。通信导航人员技术水平，直接影响通信导航工作质量，影响飞行安全。因此，通信导航人员要具有较高的技术水平，要熟练地掌握设备的操作和维护技能，具备系统的技术理论知识，对于设备的性能、构造和工作原理要有深刻了解和理解。及时校正设备误差，校正通信导航资料，杜绝事故发生。要爱惜设备，加强对设备的管理和维修，使各种设备符合规定的技术性能，经常处于良好状态，以保障设备的正常运行。只有这样，才能从物质技术上增强保障能力，为有效提供各种通信导航保障服务奠定基础。几十年来，民航通信导航人员坚持把提高工作质量，确保飞行安全放在第一位，从未发生过影响飞行安全的等级事故，这是广大通信导航人员集体努力的结果。随着民航事业的发展，通信导航人员将面临更加繁重的任务，应当继续努力，再接再厉，争取更大成绩。

### （三）认真细致，严谨求实

飞行与气象有着密切的关系，良好的天气有助于安全飞行，恶劣天气会给飞行带来困难，甚至危及飞行安全。民航气象人员直接为飞行提供气象服务，其工作质量，直接关系飞行安全和生产效率。因此，做好气象工作，提供及时准确优质完善的服务，就成为气象人员重要的职业道德要求。由于现代飞机飞行速度快，活动范围广，天气又无时不处在复杂的演变过程中，因此，飞机飞行对气象信息的时效性、精确性的要求很高，气象人员要为各类飞行趋利避害，实现安全保障作用，提供及时准确的信息要求。否则，气象信息将失去意义，甚至可能导致严重后果。现代民航对气象保障工作质量和效率要求也很高。近几年来，为了适应国内、国际飞行业务的发展，我国民航引进和采用了一些现代化气象技术设备，为提高气象服务质量与效率增添了新的技术手段。然而，设备再先进也需要靠人来使用，需要发挥人的主观能动性，以实现高质量的气象服务效果。现在，民航气象业务已国际化。中国民航同海外民航气象机构建立了日益广泛的飞行气象情报服务联系。因此提高气象服务质量更具有国际意义。

气象人员要达到上述道德要求，首先，要具有热心为飞行安全服务的思想。民航气象工作是为航空生产和训练提供气象资料的，气象部门的服务对象是飞行人员和保障飞行的其他技术部门。在气象部门内部，各工种、各技术人员之间所形成的相互协作和服务，也都是为了保证飞行安全的共同目标。民航气象工作这种特点，决定气象人员应当具有埋头工作、甘为人梯、热情为飞行安全服务的思想。这是一种高度的职业责任感和荣誉感，具有这种感情，就可以不为工作上的困难所折服，也不为个人的得失而烦恼。就能够勤奋、顽强地学习和工作，在平凡的岗位上做出不平凡的成绩来。

其次，要具有严谨的科学精神。航空气象保证是通过飞行气象情报来实现的。气象资料的收集、分析、统计、整理和积累，气象情报的制定、供应、传递和发布，都是十分细致、缜密的工作，来不得半点含糊、马虎，不允许发生任何差错和事故。这就需要工作人员具有认真细致、严谨求实的态度和作风。只有认真细致地观测、探测和获取气象要素，才能提供符合实际的天气报告。只有广泛收集气象情报，进行周密、科学的分析，才能准确提供天气预报。只有在细致观察和研究的基础上，掌握天气演变规律，才能取得气象服务工作的主动权。总之，只要各类相关人员认真严肃对待自己的工作，各尽职责，依靠集体的力量，不断提高气象服务能力，就能保证及时、准确、优质地提供各项飞行气象信息服务。

最后，要正确使用和维修设备。随着民航气象业务的发展和现代化水平的提高，气象部门越来越多地拥有先进的技术设备。气象人员要钻研技术，提高业务素质，以适应采用新型设备的需要。要了解设备的性能、构造、工作原理和操作规程，掌握正确使用设备的技能，要爱惜仪表、设备和器材；加强对仪器设备的维修、保养，保证设备能够正常运转，为提高气象服务工作质量奠定物质技术基础。

### （四）主动服务，扎实细致

航行情报人员的主要任务是收集整理、设计创作、发布提供为保证飞行安全、正常和效率所需要的各种航行情报资料。航行情报资料是飞机飞行的依据，它是否可靠，直接关系能否保证飞行安全与正常。因此，对航行情报人员的职业道德要求，就是主动及时地提供各种航行情报。

航行情报人员首先必须具有高度的安全职业责任心。航行情报资料作为组织与实施飞行的基本依据，直接关系飞行安全，关系国家财产安全和人民生命安全。它必须达到高度精确和完善的程度。航行情报人员要深刻认识搞好本职工作与保证飞行安全的密切关系，明确自身所承担的社会责任，树立高度的职业责任感和荣誉感，立足本职，积极工作，不断提高航行情报服务质量和水平，为民航安全生产和现代化建设贡献自己的智慧和力量。

其次，必须具有扎实细致、一丝不苟的工作态度。航行情报资料工作是一种琐碎而又缜密的业务工作，工作中相关人员必须细心、专心、耐心。就航行资料汇编（AIP）来说，它本身是一种综合性技术文件，涵盖着广泛的多种学科的理论知识和技术，它的制订需要进行精密的调查、分析、计算、查对、核实，用文字和图表编印，绘制一张航图就有近万个数据。若没有一丝不苟的精神，稍有疏忽，就会出错。有差错得不到及时纠正，就可能导致飞行事故。所以，航行情报人员应该像历史学家范文澜先生那样自勉："板凳须坐十年冷，文章不写半句空。"范先生此处是讲做学问者应有的一种品格，其实对于航行情报工作者也是适合的。

最后，必须严格执行和遵守民航规章。民航规章是民航进行安全生产和训练的依据和保障，航行情报人员要严格遵守，特别是要严格执行民航航行情报工作规则。在提供航行情报资料方面，要严格按照规定的时限要求，及时收集、制定和发布航行情报资料；航行情报资料制定后，要及时补充和更新做好修订工作，以保证资料的完整和准确；对使用中的各项航行情报资料，要定期认真校对使之始终保持可用状态。国内航行资料中规定为保密的部分，应严格保密。

机场航行情报人员，要熟悉各种航行情报资料的内容及其内在关系，主动、正确地进行飞行前和飞行后的航行情报服务，以保证航空运输生产和训练的正常、顺利与安全。经过几十年来的努力，航行情报工作已有相当程度的发展，基本上满足了国内、国际航行业务的需要，没有发生过因航行情报资料差错而导致安全事故，这是应当继续保持和发扬的。

**问题与思考**

1. 结合实际，谈一谈对民航专业技术人员的职业道德要求。

2. 如何理解民航精神、工匠精神与民航专业技术人员的职业道德的关系？

# 第六章
# 民航运输服务人员职业道德

民航运输服务人员是民航面向社会的窗口。他们的服务意识、服务水平直接体现民航的经营管理理念及民航职业道德水平,因此,民航应大力加强民航运输服务人员职业道德建设,提高其职业服务水准。

## 第一节　民航运输服务人员的职责和作用

民航运输服务人员是民航的对外窗口。他们直接与社会和广大旅客、货主接触，既是民航与外界发生人际交往关系的接触点，又是社会成员评价民航经营管理水平和职业道德风貌的参照。民航运输服务工作的优劣，一定程度上取决于从业者的素质。民航运输服务人员是"人民航空为人民"宗旨的最直接的体现者，是民航"真情服务"底线的最直接的践行者。因此，加强民航运输服务人员的职业道德建设，提高从业者的职业道德水准，对于践行民航"一个理念，三个底线"的总体要求，保障航空运输任务，维护国家的声望，提高民航的社会信誉，改善民航及全社会的道德风尚，都有着非常重要的意义。

民航运输服务人员，特别是各类地面服务人员，每天需要与来自四面八方的众多旅客直接接触，处在旅客与民航接触的最前沿，他们给旅客留下的第一印象就是旅客对民航的第一印象。因此，民航运输服务人员服务态度的好坏，工作效率的高低，旅客都看在眼里，记在心上，他们的精神风貌如何，都会给人们以重大影响。如果服务态度好、工作效率高，就会受到赞扬；如果服务态度差、工作效率低，就会受到指责。所以，运输服务人员，作为窗口岗位在航空运输业中占据十分重要的地位。广大运输服务人员工作质量和服务态度，不仅对于完成客货运输任务起着决定性的作用，而且对于民航行业竞争力和国际影响力有着很重要的影响。这就要求广大运输服务人员必须具备较高的职业道德水平。因此，加强窗口岗位的职业道德建设至关重要。

本章节所提到的民航运输服务人员，是指承担民航客、货运输，直接接触旅客和货主的人员，主要包括售票、问询、值机、行李、安检、货运、空中服务等直接面对和接触旅客与货主的服务人员。

售票人员主要职责：了解旅客需求，回答旅客询问，并完成订票、出票手续等工作。

值机人员主要职责：为旅客办理登机牌和行李牌，办理行李托运等工作。

问询人员主要职责：回答旅客问题，为特殊旅客提供帮助，提供服务咨询、方向指引等服务工作。

行李人员主要职责：为旅客提供行李查询、行李赔偿等服务工作。

安检人员主要职责：根据国家有关规定，对乘机旅客进行人身检查和行李检查，为旅客提供安全、便捷的安检服务等工作。

货运人员主要职责：为货主提供货物收发等服务工作。

空乘人员主要职责：为旅客提供空中服务等工作。

## 第二节 民航运输服务人员的职业道德规范

从事航空运输服务工作的具体岗位很多,由于职业的职能分工和具体活动方式不同,因而对各类从业者的要求也不尽相同,但其主要目标都是为旅客和货主提供安全、便捷、高效、愉悦的运输服务。因此其职业道德规范和具体要求也有很多共同的地方。

航空运输服务人员的职业道德规范是民航职业道德的重要组成部分。航空运输服务人员职业道德具体要求是其主要规范的反映和体现。他们除了必须遵守共同的职业道德规范外,还要遵守相应的职业道德要求,以便更好地履行自己的道德义务。

2001年,中共中央颁布的《公民道德建设实施纲要》指出:重在建立以人为本,在全民族牢固树立建设有中国特色社会主义的共同理想和正确的世界观、价值观、人生观,在全社会大力倡导"爱国守法、明礼诚信、团结友善、勤俭自强、敬业奉献"的基本道德规范。1996年,《中共中央关于加强社会主义精神文明建设若干重要问题的决议》规定:"爱岗敬业、诚实守信、办事公道、服务群众、奉献社会"是我们今天各行各业都应共同遵守的职业道德的五项基本规范。2016年,民航局党组提出"一二三三四"总体工作思路,树立了"发展为了人民"的理念,将"真情服务"纳入要在工作中坚守的"三条底线",强调真情服务是民航作为服务行业的本质要求,是全心全意为人民服务宗旨的根本体现,是坚持飞行安全、廉政安全的出发点和终极目标。在这样的基础上,航空运输服务人员的职业道德规范和具体要求,应包括但不限于如下五个方面的内容。

## 一　热爱本职，献身民航

热爱本职，献身民航，是全体航空运输服务人员最基本的职业道德规范，是做好运输服务工作、履行道德责任的前提条件。只有热爱本职，献身民航，才能在职业活动中，发挥主动精神，以高度的主人翁责任感，进行卓越的劳动创造和忘我的拼搏奉献，为民航事业的健康可持续发展贡献自己的聪明才智。

热爱本职，献身民航，是一种道德情感。这种道德情感是航空运输服务人员在职业活动中逐步形成的，它产生于对航空运输业的正确认识。每个从业者都必须充分认识航空运输业的地位和作用，并深刻理解航空运输服务工作的重要性。只有这样，才能激发和唤起他们对自己职业的热爱之情，产生从事航空运输工作的自豪感和荣誉感，确立献身民航事业的责任和义务。

热爱本职，献身民航，要求航空运输服务人员忠于职守，自觉地履行自己的职业责任和职业义务。职业本身意味着一种责任，处于各种职业生活中的从业者，对职业、对他人、对行业、对社会，都负有一定的义务。一个热爱本职工作的人，必然能够理解和体验到自己的责任和义务，必然有做好本职工作的强烈愿望和高度自觉性。人们对自己的职业认识越深刻、感情越深厚，职业责任感和义务感就越强，履行职业责任和职业义务的自觉性就越高。所以热爱本职，献身民航，就要努力培养自己的职业责任感和职业义务感，并使之转化为内心信念和自觉行为。

热爱本职，献身民航的道德情感，要通过实践活动产生。当前，我们党正领导全国人民进行中国特色社会主义的发展与建设，需要各行各业齐心协力进行长期的艰苦奋斗，而我国的航空运输业对此负有神圣使命，每一个从业者，都应该把热爱本职，献身民航的道德情感化为实际行动，忠于职守，兢兢业业，为祖国的繁荣富强尽心尽力。具体有如下几个方面要求。

第一，要有高度的主人翁责任感。俗话说："一人拾柴火不旺，众人拾柴火焰高。"作为一个从业者，如果大家都为所服务的单位或行业的发展操心，认真行使主人翁的权利，支持并监督领导搞好工作，积极提出合理建议，想单位所想、急单位所急，单位就会兴旺发达，行业就会蓬勃发展。

第二，要进行卓越的劳动创造。一个单位好比一台机器，由许多齿轮和螺丝钉组成，如果其中一个零件发生故障，机器就不能正常运行。同样，如果某一个职工不干好自己的工作，单位就会受到影响，遭到损失。因此，每一个运输服务人员，一定要认真履行自己的职责，维护本单位的利益，充分发挥自己的聪明才智，进行创造性的劳动，把工作做出成绩来。

第三，要正确处理好国家、单位、个人三者的利益关系。社会主义道德要求人们自觉地按照维护整体利益的原则和规范去行动。所以，每一个从业者在处理单位与个人利益的关系中，要以单位整体利益为重。为了维护单位利益，不惜牺牲个人利益。单位与国家相比，国家又是整体，单位利益又应该服从国家的利益。

## 二　真情服务，文明礼貌

真情服务，文明礼貌，是民航航空运输服务人员应有的职业道德规范。长期以来，社会上一直把民航看作高端服务行业，其服务水准历来是各行业的标杆。因此，公众对在民航运输中可能会享受的服务具有较高的期望值。作为服务业的标杆，民航运输服务人员就是在安全、迅速、准确地将旅客和货物运送到目的地的过程中，同时提供文明礼貌、热情周到的服务。要有热情友善的态度，对旅客服务要热情、周到；回答问题要准确、耐心，有问必答；对旅客一视同仁，尊重民族习俗和宗教信仰；对老、幼、病、残、孕等特殊旅客应主动提供服务。这样做，我们的职业行为才有利于他人、有利于社会，才尽到了我们的职业道德责任。具体有如下几个方面要求。

**1. 迅速、准确地完成客货运输任务**

运输行业是以它独特的生产方式——人和物的空间位移来进行再生

产的。人和物位移是否迅速，地点是否准确，是衡量运输服务工作优劣的重要标准之一。特别是航空运输，它的最大优点是速度快，这是其他任何运输方式所不能比拟的。我们必须保持这个优势，迅速而准确地完成客、货运输任务。

要做到迅速、准确，除了要树立为客户服务的思想外，还要树立强烈的时间观念和效率观念。随着我国社会主义市场经济的不断发展，交通运输任务日益繁重，交通运输部门应在提高自身经济效益的基础上，力求做到人便于行、货畅其流，以满足国民经济和人民生活的需要。当今社会的发展，人们都在争时间、比速度、讲效益、求质量。航空运输业，使用的是现代化的交通工具，每个从业者，应该具有强烈的时间观念和效率观念，为各地区、各部门提供速度快、效率高、服务好，准确、便利的交通运输，满足社会的需要。如果我们缺乏时间观念，工作效率低，就将丧失空运速度快的优势，也就没有尽到我们的职业道德责任。

### 2. 为旅客、货主提供文明礼貌的服务

旅客、货主是客运、货运职业活动的中心，从业者应遵循"人民航空为人民""真情服务"的原则，讲文明、有礼貌，待客如宾。待客如宾，是我们中华民族的传统美德。两千多年前，孔子就提倡"有朋自远方来，不亦乐乎"的思想。当前，待客如宾是新时期社会主义新型人际关系的体现，也是运输行业的职业需要。社会主义公民道德规范要求一个人的言行举止要文明、礼貌、友善，对于航空运输服务人员来说，就是要求其对旅客、货主言行举止文明，服务态度友善。航空运输作为基本的交通运输方式，服务涉及面广，影响面大，提供优质服务，不仅对提高中国民航的声誉有极大的作用，而且对促进新时期社会主义精神文明建设具有重要意义。

### 3. 将真情服务贯穿整个服务过程

在我国，航空运输服务历来是高端服务的代名词，曾经对国内的服务行业发挥着重要的引领作用。但是，随着电信、旅游和高铁服务的不断进步，民航服务的领先优势正在逐步弱化。随着航空业务量的逐年稳健增长，消费者对航空运输服务的抱怨与投诉也呈增长态势。这些抱怨

充分暴露出我国航空运输服务质量仍然参差不齐，这与我们航空大（强）国的地位是极不相称的。有的服务人员没有摆正自己与旅客、货主的关系，没有认识到自己的工作责任和道德义务，对旅客、货主态度简单粗暴，不能主动热情地为旅客、货主提供服务。这种思想行为是极为错误的，它既违背了航空运输业的服务宗旨，也违背了民航职业道德的基本要求。2016年，民航局提出"坚持真情服务底线"总体要求，要求各个机场和航空公司结合自身情况，积极行动起来，秉承"真心、热心、用心"的服务原则，想旅客之所想、急旅客之所急，为旅客提供高品质的航空服务。民航有的单位总结的"以'心'待客""以'笑'待客""以'勤'待客""以'让'待客"的真情服务经验，值得借鉴。

总之，开展真情服务，推崇文明礼貌，很重要的一条就是关心人、尊重人。关心人、尊重人是社会主义人道主义的具体表现，是社会主义职业道德的基本要求。航空运输服务部门的从业者，在实际工作中，必须实行社会主义的人道主义，关心人民群众的切身利益，以广大人民群众的最大利益为我们一切工作的出发点，与人民群众建立团结、互助、友爱的新型关系。对旅客、货主，以礼相待，诚恳热情，提供方便、周到的服务。我们要以改善服务态度提高服务质量，以一言一行、一举一动来体现自己对他人的关心和尊重。在接待外国旅客和承运外贸货物等涉外交往中，要体现中国人民友好诚挚的道德风尚，注重国格、人格，坚持原则，不卑不亢。防止高傲自大或低三下四等不良行为的发生。要以优质服务为国家争得荣誉，以民族自信维护祖国的尊严，努力为发展友好关系和经济协作做出贡献。

广大运输服务人员的职业行为要达到"真情服务，文明礼貌"这一道德要求，核心问题在于牢固树立"以人为本，全心全意为旅客、货主提供品质服务"的思想。全心全意为旅客、货主服务，是全心全意为人民服务的根本宗旨和"人民航空为人民"职业道德基本原则在航空运输职业生活中的具体体现。航空运输业的直接服务对象是旅客、货主，为旅客、货主提供良好的服务，如果离开了这个对象，就失去了其存在的意义。因此，每个从业者，必须把全心全意为旅客、货主服务作为自己的神圣职责。

要树立全心全意为旅客、货主服务的思想，必须正确认识社会主义制度下人与人的新型关系，摆正航空运输服务人员和旅客、货主的位置。航空运输服务人员和旅客、货主之间的关系，是社会主义制度下平等互助的同志关系。在社会主义制度下，人与人之间的新型关系，要求社会的各行各业、各类人员，都要互相服务。《中共中央关于社会主义精神文明建设指导方针的决议》指出："在我们的社会里，人人都是服务对象，人人都为他人服务"。这就是说，服务与被服务是相对的。每个人既为他人服务，同时也享受他人为自己服务。航空运输服务人员，在运输生产活动中，为旅客、货主服务，而在运输生产活动之外，则又是其他行业的服务对象。"人人为我，我为人人"，是我们社会最本质的道德关系。所以，我们每个人都应该在职业生活中倾注满腔热忱的服务精神。如果各行各业的人们都能满腔热忱地为他人服务，那么，社会主义人与人之间的关系就必将出现一个崭新的面貌。航空运输服务人员，每天接待成千上万的旅客、货主，他们中间有干部、有军人、有演员、有教授、有企业家、有工程师，还有海外侨胞和国际友人，等等。我们能满腔热忱地为每一个旅客、货主服务，就体现出社会主义社会人与人之间无比温暖、无比友爱的新型关系。

要做到全心全意为旅客、货主服务，就要坚持一切从旅客、货主的需要出发，处处为旅客、货主着想，以满足旅客、货主的需要为己任。具体地说，对旅客、货主服务，要做到贴心、细心、耐心。所谓贴心，就是对待旅客、货主要像对待亲人一样，做他们的贴心人，为他们排忧解难，使之有宾至如归之感。所谓细心，就是要过细地体察旅客、货主的心理，揣摩他们的要求。旅客、货主的性情不同，要求各异，客运、货运人员要做他们的有心人。所谓耐心，就是对待和处理旅客与货主各种问题的态度要耐心，做到生人熟人一个样，闲时忙时一个样，不计较旅客、货主的语言轻重、态度好坏。能否在任何情况下做到不厌其烦，是对全心全意为旅客、货主服务精神的实际考验。在客观条件和规章制度允许的范围内，应尽量满足旅客、货主的要求。

## 三　遵纪守法，诚信廉洁

遵纪守法，诚信廉洁是航空运输服务人员必须具备的职业品质和情操。

遵纪守法，就是要求每个从业者严格遵守航空运输的各项法律法规和职业纪律。航空运输的法规和纪律是从国家和人民的利益出发，根据航空运输的规律和行业特点制定的，是航空运输长期实践活动的经验总结。它是维护航空运输秩序、保证生产正常进行的重要手段，严格遵守航空运输的法规和纪律，是所有从业者的道德义务。

一个单位要履行其社会职能，必须有严格的组织纪律和完善的规章制度。在现代生产中，分工较细，协作密切，每个部门、每个班组、每个工序，都处于一环扣一环的紧密联系之中。如果某一个环节出了问题，就会影响整个生产任务的完成。因此，诸如服从领导、听从指挥、严守岗位、遵章操作等，都是对从业者起码的道德要求。特别是航空运输企业，具有作业高度集中的职业特点，更要求从业者必须严格地遵守各项职业纪律和法规，否则，就会影响生产任务的完成，甚至可能带来严重后果。例如，一个完整的过站航空器的保障作业流程中，通常要经过指挥落地、滑行入位、轮档/锥筒摆放、廊桥/客梯车对接、客舱门开启、过站放行检查、航油加注、电源气源设备提供、货舱门开启、客舱清洁、配载及舱单上传、餐食配供、污水作业、清水作业、航行资料提供、机坪监管、航空器监护、货舱门关闭、客舱门关闭、廊桥/客梯车撤离、航空器除冰雪、轮档/锥筒撤离、牵引车对接、航空器推出/开车、滑行起飞、管制移交等20余个环节，任何一个作业环节都由不同部门或者岗位的从业者分别甚至同时提供，如果没有健全的制度和严密管理，如果不严格按章办事，就有可能发生导致航空器保障作业拖沓，造成航班延误的严重后果。再如，航空货运保障作业流程中，要经过货物的收运、过秤、安检、入库、保管、舱单制作、配载和货物组装、出库、地面运输、装卸、交付等各个环节，如果不严格按章作业，就有可能发生货物破损、错运、漏运或其他问题。

遵纪守法，要强调自觉。纪律、法规作为一种调节人们行为的准则和规范，虽然带有强制性，要求每个从业者毫无例外地遵守，但是，在社会主义条件下，职业纪律，是建立在人们自觉的基础之上的。这种自觉来自对国家、对企业的高度主人翁责任感和对自身美好生活的追求。它要靠道德和道德教育的力量来维持。正是这种建立在自觉基础上的纪律才是真正的铁的纪律。自觉遵守和执行职业纪律、法规的行为，才具有崇高的道德意义。航空运输服务部门，分工很细、协作密切，客观要求各个岗位上的从业者必须自觉遵守职业纪律和法规，自觉履行职责，并以此作为自己的道德义务。我们要在实践中养成遵守纪律和法规的良好的习惯和意识，使遵纪守法蔚然成风。

诚信廉洁，就是要求每个从业者诚实守信、清正廉洁。要有正派的思想作风，端正的职业行为，高尚的道德品质，秉公办事，不徇私情，不以职权和工作之便谋取私利。

近年来，通过各种形式的职业纪律和职业道德教育，航空运输服务部门的职业风气有了很大的改善，秉公守法、无私奉献的事例多了起来。但是在从业者中，不守职业纪律、不讲职业道德的行为，仍不同程度地存在，有的还相当严重。如有的以票谋私，有的偷窃货物，有的私拿机上供应品，有的利用飞机搞"捎、买、带"，还有的贪污受贿，等等。这些行为是违反纪律的，甚至是触犯法律的，也是极不道德的，不仅要受到纪律处分或法律制裁，而且要受到道义的谴责。具体有如下几个方面要求。

### 1. 要有强烈的安全意识

民航工作的重点是安全，航空运输的特殊性对安全提出更高、更严的要求，航空安全在某种意义上已经成为国家和社会稳定的标志。安全工作是一项系统工程，在保证安全的链条上不能出现任何漏洞，安全工作无小事，抓好安全工作靠每个运输保障环节上的每位工作人员。民航运输服务人员作为责任的担当者、关口的把控者，一定要树立强烈的安全意识。应当时刻牢记"安全第一，预防为主"这一准则，提高警惕，居安思危，保证在本职工作岗位上不发生由于个人原因导致的不安全事件或事故，不给国家和人民生命财产带来重大损失，不影响社会的和谐稳定。从思想上、行动上重视安全，为旅客提供安全的服务，使旅客能安心、放心地享受航空运输服务。

**2. 要有高度的责任心**

民航局原局长李家祥在《实现安全发展的关键在于落实责任》中提到员工认真履行岗位责任，要主人翁姿态鲜明，要摒弃"拿钱干活"的雇佣思想，克服"事不关己、高高挂起，明知不对，少说为佳"的不负责任态度，真正把自己当作企业的主人。

服务是民航的主要产品，为旅客提供最放心、最舒适、最便捷、最高效的服务是全体民航人的宗旨。要给予旅客趋于完美的体验，必须使我们的员工具备高度的责任心。一是对本职工作的责任心。认真履行工作职责，认真做好每项工作。二是对旅客的责任心。民航运输服务是由很多环节构成的，每个员工仅仅履行自己的职责，是不能给旅客提供优质服务的。民航服务人员必须以关注旅客需求为焦点，"想旅客所想、急旅客所急"。《民用运输机场服务质量》）（MH／T5104-2013）中明确提出，机场服务人员需要建立并执行首问责任制，是指首问责任人必须尽自己所能为旅客提供最佳和满意的服务，直至问题最后解决或给予明确答复。机场服务人员都应严格遵守首问责任制，尽心尽责为旅客提供最好的服务。

**3. 要有严格的纪律性**

民航运输是一个高度专业化的行业，同时也是一个对各环节、各流程要求严格的行业，这就要求对服务人员实施严格管理和纪律，每个工作人员都应自觉遵守纪律，服从指挥。遵守纪律不仅是管理要求，也是维护旅客权益和保护员工自身安全的要求。比如，机场服务人员如果不能准时到达工作岗位，就有可能会造成旅客不能出行、飞机不能正常起飞。此外，安检人员如果不严格按照要求对旅客、行李及货物进行严格的安检，让违禁物品、不法分子进入飞机，就有可能带来无法想象的后果。

## 四　团结协作，顾全大局

实现中华民族伟大复兴，把我国建成富强民主文明和谐的社会主义现代化国家是我们全体中华儿女的共同梦想。共同的梦想把人民群众紧密地联系在一起。中国梦的实现要求人们团结协作、顾全大局。团结协作、顾全大局是集体主义道德原则在航空运输职业生活中的具体体现，是运输服务人员职业道德行为规范。在社会主义现代化建设进程中，各部门的分工很细，专业化的协作很强，各部门、各工种、各岗位都是紧密联系、互相配合的。如果没有各方面的互相配合，任何重大的生产任务都难以完成。航空运输服务工作的性质，更是体现了社会主义现代化建设进程中的社会化大生产的特点。从多环节、连续性的运输特点来看，团结协作是保证运输生产正常进行的基本条件。以旅客运输为例，从售票服务到把旅客运送到目的地的整个流程中，要经过机票购买、值机、行李托运、安检和登机许多环节，需要运输服务部门的各工种通力配合、协调一致，否则，就将影响整个任务的完成。因此，团结协作、顾全大局反映了运输服务工作的客观要求，是每个运输服务人员的职业行为规范。具体有如下几个方面要求。

### 1. 树立全局观念

团结协作、顾全大局的核心是集体主义精神，要求树立整体观念。社会的大分工，使每个职工都在各自的岗位上、各自的集体中进行职业活动。社会主义职业道德要求每个职工互相尊重、互相支持，关心集体，以集体的利益为重，不要为了个人利益和局部利益而影响集体、影响全局。特别是在运输服务部门，绝不允许为了个人利益或局部利益而影响整个运输任务的完成。不论是在运输服务部门与其他部门之间，还是在运输服务部门内部各单位、各工种之间，都要紧密配合、真诚协作，坚决反对不顾整体利益而在工作中互相扯皮、互相"踢球"、互相报复，互相拆台以及其他损人利己的行为。

### 2. 建立新型人际关系

民航系统各从业者之间，要建立团结、友爱、平等、互助的社会主义新型关系。这种新型关系，既是社会主义道德建设的基本要求，也是民航职业活动中团结协作的重要基础。建立这种新型的人际关系，彼此之间相互理解非常重要。只有相互理解，才能在思想感情上相互体谅，相互尊重，在工作上紧密配合，通力协作。

**3. 反对不利于团结的错误倾向**

在职业活动中有许多影响团结的因素，如本位主义、自由主义、小团体主义等，都是损害团结协作、背离顾全大局的错误倾向，是利己主义道德观和行帮职业习惯在现实生活中的反映。这些因素使团结涣散，关系松懈，工作消极，意见分歧，直接影响单位之间、部门之间的团结协作，不利于各从业者的思想道德建设。所以，我们必须反对这些错误倾向和恶劣作风，提倡团结协作、顾全大局的良好风尚。

## 五　勤奋学习，精通业务

航空运输服务部门向旅客、货主提供优质服务，履行自己的社会职能是通过具体的职业活动来实现的。而从事各项职业活动的人员素质，业务水平，直接关系运输服务质量。如售票服务人员，每天要销售成百上千张机票，要求必须熟记本站出发的航班日期、时刻、运价及有关业务规定，业务不熟练，就容易出差错，如果把飞机起飞时间写错，将会造成不良后果。所以，勤奋学习、精通业务，是航空运输服务人员重要的道德规范之一。每个从业者，要发扬进取向上精神，刻苦钻研业务，熟练掌握劳动技能，不断提高为旅客、货主服务的本领，为社会主义四化建设，为民航现代化建设，认真履行自己的道德义务。要精通业务，熟练掌握劳动技能，应该做到以下几个方面。

**1. 有强烈的职业责任感**

航空运输服务人员的职业责任感，应表现为对他人对社会利益负责的精神。航空服务人员有了高度的责任感才能虚心学习科学文化知识，刻苦钻研业务技术，掌握劳动技能，才能在工作上做到精益求精，进一步提高服务质量，提高劳动效率。如果没有对工作高度的负责精神，就会得过且过，就不能克服困难坚持文化业务学习，就会满足于一知半解，安于现状，甚至甘为外行。航空运输服务人员是民航职工中的一支重要队伍，其业务素质对于完成航空运输计划、提高经济效益和社会效益，有着重要作用。

## 2. 要有精湛的业务技能

旅客对民航服务,尤其是机场服务的最核心要求是高效。要达到高效目标,航运服务人员必须具备精湛的业务技能,并能将业务技能发展成操作技巧,从而给旅客提供高效、便捷的服务。比如,根据《民用运输机场服务质量》(MH/T5104-2012)规定,经济舱旅客办理乘机手续时,95%的旅客排队等待时间不超过12分钟,这要求一个值机员必须在1分钟内完成核实购票情况、办理行李托运、完成座位安排等一系列行为,如果不熟练,就可能造成旅客的抱怨,甚至会造成旅客误机。在繁忙的机场,对机场服务人员业务技能要求更高。机场服务人员应当勤学苦练,努力钻研,不断提高操作技能,认真学习各项专业理论知识。一个称职的机场服务人员,不仅要精通本职业务技能,还同时应具备先进的服务理念、掌握服务技巧、了解旅客心理等,使自己尽可能具备多方面航空知识。为了处理复杂的情况,机场服务人员应沉着、冷静、果断处理体现出较新的判断力和应变能力,这些都建立在精湛业务技能的基础上。

## 3. 努力学习科学文化知识

航空运输服务人员要熟练掌握业务技能,除了要有工作责任感,还要不断地学习新的科学技术和文化知识。有了现代的科学文化知识,才能为熟练掌握业务技能打下坚实的基础。现在是"知识大爆炸"时代,科学技术日新月异。随着科学技术的不断发展,航空运输服务部门的业务管理和生产设备,也在不断改进和更新。它要求运输服务人员在科学技术和文化知识上有一个较大的提高,以适应生产和工作的需要。事实上,航空客运所接触的成千上万的旅客也代表着一个小社会,各行各业各阶层的人都有。这种工作对象的多层次性,要求广大从业者在业务技术、文化知识方面向高层次发展,否则,就难以适应日益发展的航空客运服务工作的需要。

## 第三节 民航运输服务人员的职业道德要求

民航运输服务人员职业道德的具体要求是其主要规范的反映和体现。民航运输服务部门内部，由于职业的职能分工和具体活动方式不同，对各类从业者的具体要求也不尽相同。他们除了必须遵守共同的职业道德规范外，还要遵守各自的职业道德要求，以便更好地履行自己的道德义务。

民航运输服务工作的具体岗位很多，各机场和航空公司以及其他服务保障单位在工作分工的安排上也不完全一致，本文不便一一涉及，这里只就客运、货运、乘务等几个主要方面的从业者分别提出一些具体职业道德要求。

### 一 民航地面服务人员职业道德要求

民航地面服务人员是指为旅客到港之后至出港之前提供地面服务的人员。其职业道德的具体要求如下。

#### （一）以人为本，周到服务

航空地面服务的对象是旅客，让旅客高兴而来，满意而归，是对整个航空运输职业活动的价值肯定。以人为本，就是要时时刻刻把旅客摆在航空地面服务工作的第一位。它是新时期社会主义人际关系的体现，也是民航真情服务的根本。周到服务，就是要服务态度和服务水准始终如一，一切工作开始于旅客提出的要求，结束于旅客的满足。无论是常态下还是像大面积航班延误等特殊状态下。只有真诚待客、尊重旅客、文明待客，时时刻刻为旅客着想，急旅客所急、忧旅客所忧、帮旅客所需，才能获得更高的顾客满意度。

文明待客就是在服务工作中对旅客态度要热情，说话和气，语言文明，必须使用"请""您好""对不起""谢谢""再见"等文明用语。服务要主动热情，耐心周到，文明礼貌，尽一切可能创造安全、舒适、方便、卫生的服务条件，千方百计地使旅客满意。比如，值机人员在为旅客办理值机乘机手续过程中，不仅要迅速、准确、耐心回答旅客的问题，还要爱护旅客的托运行李，文明操作，轻拿轻放，严禁抛掷、乱摔。

### （二）仪容整洁，规范作业

仪容整洁是人的思想情操、道德品质、气质和性格的综合反映。它要求地面服务人员在岗工作时，要按规定穿着制服，衣着整洁、仪表庄重、谈吐文雅、举止大方，显示民航工作人员文明、礼貌、端庄、朴实的作风，使旅客感到民航工作人员的仪容美。人的仪容、精神状况，是人类社会文明、进步的标志。从道德角度来说，它是关系尊重他人、尊重社会、相沿成习的人与人交往的一种要求。地面服务人员是直接与旅客打交道的，其精神状态如何，对旅客有极大影响。如果客运服务人员衣冠不整、神态疲惫、行为粗鲁，就会使旅客感到一种不和谐甚至厌恶，相应地，也就不能赢得旅客对自己的尊重、支持。所以，整洁的仪容、饱满的精神，直接体现了我们社会主义社会人与人之间的平等、友爱和互相尊重的关系，是每个客运服务人员必须遵守的基本文明守则。

规范作业是地面服务人员的基本要求。一方面是指他们的作业要遵守国家和行业的法律、法规和标准，执行相应的职业纪律和规程、制度；另一方面还指他们在作业过程中，都必须严格按照统一的指挥调度，不得自作主张、随意散漫。

### （三）虚心诚恳，团结协作

地面服务人员的工作职责就是满足旅客的要求，提供优质的服务。旅客由于不同的性别、不同的年龄、不同的职业和不同的经历，因而有着不同的愿望和要求。而在地面服务工作中，也不可能尽善尽美，人人满意，难免有这样或那样的缺点和毛病。对此，旅客可能提出批评。地面服务人员对来自旅客的批评，应抱着虚心诚恳的态度，要把旅客的批评当作对民航的关爱，当作改进工作的动力，"有则改之，无则加勉"，以使地面服务工作做得好上加好。如果对旅客的批评抱着抵制、反感的情绪，甚至与旅客发生争吵，那就是错误的，必须坚决加以反对。

团结协作是指在旅客进出港的整个地面服务保障流程中，各个环节、工序、岗位必须在各自分工的基础上树立整体观，主动相互配合、协同工作，共同为旅客提供高品质的服务。

## 二　航空货运服务人员职业道德要求

航空货运服务是承担货主所委托的航空物资集散、装卸、运输的业务活动。它与国民经济建设和人民日常生活息息相关。航空货物是货运服务的中心，其中包括对货物的态度、对货物的管理、对货物的运输方式。其职业道德的具体要求如下。

### （一）货主至上，品质服务

货主是货运部门的直接服务对象，离开了服务对象，航空货运就失去了存在的意义。所谓"货主至上"，就是航空货运服务人员要从货主的需要出发，把满足货主的需要作为自己最大的工作乐趣，要"想货主所想，急货主所急"。只有这样，才会有主动、热情、耐心、周到的服务精神；才能在货主来办理货运业务和询问时态度和蔼、认真，办事迅速、准确；才会设法为货主提供方便，为货主排忧解难。根据"保证重点，照顾一般，合理运输"的原则，应有计划地安排货物运输，随收随运，不积压。货物发运,要按先后缓急情况办理,不延误急件,不积压货物。货物到达,及时通知货主提取。货物查询要认真处理,答复查询要及时准确,不推不拖。

品质服务,主要表现为货物无破损,运输无差错。要确保货物完好无损,关键在于文明装卸。所谓文明装卸,就是在装卸过程中,按操作规程和货物质地的要求作业,以保证装卸运输中安全优质。其具体要求是,搬运货物轻拿轻放,不摔不扔,不强塞硬挤,大不压小,重不压轻,按指示标志作业,货物码放整齐有序。必须杜绝野蛮装卸。要做到运输无差错,就要严格复核清点制度,飞机号、到达站、件数、舱位等,要与装卸舱单相符,不得漏装漏卸、错装错卸。还要严格货物安全检查,防止夹带、混装危险品及禁运品。

## (二)团结协作,讲求效率

团结协作是货运服务的内在要求,在复杂的货运服务保障流程中,各个环节、工序、岗位应该在各自分工的基础上相互配合、协同工作。互相推诿、耗费资源、降低效率、牺牲效益的行为,都是与航空货运特性和职业精神相悖的。

效益源于效率,在铁路、公路和水运竞争压力日趋上升的货运市场环境下,航空货运服务要得到客户的信赖和社会的认同,必须有优质高效的服务。可以说,没有效率就没有市场,没有市场就没有效益。因此,在保证工作质量的前提下,团结协作,提高效率,进而创造更大的经济效益和社会效益,是航空货运服务人员必需遵守的职业义务和职业责任。

## (三)遵章守法,廉洁公正

遵章守法,就是所有航空货运服务人员的工作、劳动,要遵守国家和行业的法律、法规和政策,执行相应的职业纪律和规程、制度。服从指令,就是要求每个货运服务人员都必须严格按照统一的指挥调度,不得自以为是、自作主张、各行其是,要真正做到令行禁止。

廉洁公正是货运服务人员必须具有的品质。严格遵守货运政策和有关规定，不刁难货主。对货主提出的要求，尽量予以满足，确实办不到的，要耐心进行解释，绝不能拿原则做交易。在工作中，不得以职权之便谋取私利。在货物面前，不占便宜，不监守自盗。

## 三　民航空中乘务人员职业道德要求

空中乘务人员是为航空旅客提供安全、舒适的客舱服务的工作人员。机上乘务工作是民航运输服务工作的重要组成部分。它不仅是某个航空公司运输服务品质的核心体现，一定程度上还直接反映了民航行业的整体服务水平。空中乘务人员的职业道德具体要求如下。

### （一）一视同仁，周到服务

乘坐民航飞机的旅客，千差万别，身份各异。对待各种旅客的服务要一视同仁，提供同样热情、全面、周到的服务。这是衡量乘务人员职业道德优劣的重要标志。乘务人员职业道德好坏，就体现在其对所有旅客的服务之中。不能戴着有色眼镜，以衣着的华丽与否或身份的高低来决定服务的好坏。周到服务，一方面是指每一位空乘人员在提供服务的过程中，都能够本着以人为本、换位思考的原则，时时刻刻做到对旅客的微笑多一点、提供服务的效率高一点、特殊状况下的反应快一点、特殊状况下不好的情绪少一点；另一方面是指既要照顾到普通旅客一般要求的服务项目，又要照顾到老、弱、病、残、幼、孕等需要重点照顾的特殊旅客的服务需求。要树立良好的服务作风，做到"五勤"：眼勤、嘴勤、耳勤、腿勤、手勤；"四好"：服务态度好、照顾旅客好、清洁卫生好、答复问询好；"三不怕"，不怕累、不怕脏、不怕麻烦。民航是社会主义精神文明的"窗口"，而飞机客舱又是窗口的"窗口"，民航的窗口作用在很大程度上是通过飞机客舱服务来发挥的。透过这个"窗口"，人们可以看到民航工作人员的道德情操和社会主义精神文明建设的缩影。

## （二）文明礼貌，仪态端庄

这是所有服务人员必须遵守的基本的文明守则，也是对每个空中乘务人员职业道德的起码要求。文明礼貌，不仅反映一个人的文化素质、道德修养，而且反映一个民族、一个国家的社会道德水平。高素质的空乘人员可以在服务过程中营造出令人愉快的气氛，使服务者、被服务者和服务环境三者之间的关系达到和谐统一，这种和谐统一的前提就是要有文明礼貌的服务态度。文明礼貌的服务态度是乘务人员应具备的行为准则。文明礼貌，要求做到文明用语，礼貌待客。语言是交流思想感情的工具。美好的语言，友善的语气，是处理好乘务人员和旅客之间关系的重点。如果每个乘务人员在服务过程中，都能做到语言文明，以礼待人，不仅能推动服务质量的提高，而且能为广大旅客树立道德榜样，促使文明风气的形成。工作中，空乘人员要使用十四字敬语，即"您""您好""请""谢谢""不客气""对不起""再见"。要开展微笑服务，即在服务中面带笑容。微笑也是一种礼貌，有微笑的人永远受欢迎。仪态端庄，要求乘务员的仪容姿态端正庄重，它包括衣着穿戴，举止风度。着装要整洁，修饰要大方，举止要文雅，风度要潇洒。这些都是一个人的思想感情、性格品质、道德情操、文化修养的外在反映，是自然美与修饰美的有机结合，是外表美与内心美的完美统一。乘务人员是直接面向旅客服务，其仪表状况是给旅客的第一印象，应该给人一种既端庄稳重又和蔼可亲的感觉，表现出良好的精神风貌。对外国旅客要热情大方，不卑不亢，注重国格和人格。

## （三）按章作业，确保安全

安全是民航的生命线，也是服务的第一要旨，安全与服务并不是相互对立的。安全是最好的服务，服务离不开安全，两者相辅相成，缺一不可。提升服务品质固然重要，但也不能以降低客舱安全标准，突破"飞行安全"的底线为代价。《国际民航公约》附件6《航空器的运行》对客舱机组成员做出了明确定义："为了乘客的安全，受运营人或机长指派执行值勤任务，但不得作为飞行机组成员的机组成员。"CCAR-121-R4《大型飞机公共航空运输承运人运行合格审定规则》对客舱乘务员的定义是："出于对旅客安全的考虑，受运营人指派在客舱执行值勤任务的机组成员。"这些规章都明确了在航空器上配备客舱空乘人员的主要目的是保障飞行安全，客舱空乘人员的主要职责是保证航空器和所载人员的安全。

保证旅客安全是每个空乘人员的职业道德责任，空乘人员要具有"保证安全第一"的职业意识，严格按照客舱安全管理的规章和标准作业。比如主动向旅客宣传乘坐飞机的有关规定，认真进行客舱的各项安全检查；遇有紧急情况，要严格按照有关规定和措施妥善处理；要提高警惕，防止坏人劫持和破坏飞机。

### （四）严守纪律，团结协作

遵守职业纪律是每个乘务人员的职业道德义务，是实现优质服务的需要，没有严格的纪律就做不好乘务工作。工作中，空乘人员不利用职务之便搞违章的"捎、买、带"，不私拿私分机上的供应品和纪念品。工作上要团结协作，这是集体主义原则在职业生活中的具体体现。团结就是力量，协作才能出生产力。每个乘务人员要树立整体观，要按照乘务工作的分工，主动密切配合，互相尊重、互相支持，共同为旅客提供优质服务，圆满完成每个航班的乘务工作任务。

**问题与思考**

1. 结合实际，谈一谈对民航运输服务人员的职业道德要求。
2. 真情服务与民航运输服务人员职业道德之间的关系如何？
3. 如何提升民航运输服务人员的职业道德素养？

# 第七章
# 民航财务人员职业道德

　　财务管理是一个单位或企业运营的基础，一切经济运行都离不开财务管理工作。近年来，民航管理体制发生了重大变化。财务工作在促进民航改革、发展和稳定中发挥了重要作用。现在的财务人员正越来越多地参与到企业的经营管理当中，在企业整个经营活动过程中扮演着非常重要的角色。会计收集、整理、汇总、反映的财务数据，财务分析，财务管理，在很多时候对于企业的管理起着相当重要的作用。民航是资金密集型行业，产业链条长，经济特征明显。对于民航财务人员来讲，所受到的诱惑如官在名利场、人在金钱池，光靠制度约束是远远不够的，还必须有德的约束，如爱岗敬业之德、诚实守信之德、服务一线之德等。因此，加强民航财务人员的职业道德建设，提高民航财务风险管控水平，是加强管理、降低风险、提高效益，建设保障民航系统安全运行的重要保障。

## 第一节　民航财务人员的职责和作用

任何一个行业的发展，都离不开财务活动。财务活动作为市场经济活动的一个重要领域，主要提供会计信息或鉴证服务，其服务质量直接影响经营者、投资人和社会公众的利益，进而影响整个社会的经济秩序。

无论做什么事情，人的因素都是第一位的。提高财务人员的综合素质、会计理论知识和专业判断能力固然重要，但仅强调这些是远远不够的，职业操守更为关键。所谓职业操守，就是一个人从事特定职业时必须遵循的行为规范和职业道德。所以财务工作者在提供信息或鉴证服务的过程中，除了必须将本职工作置于法律、法规的约束和规范之下，还必须具备与其职能相适应的职业道德水准。民航财务人员的职责是从事民航各单位财务管理和会计核算规章制度、管理办法的编制，并组织协调实施等工作。由于财务工作的特殊性和重要性，对相关人员职业操守的要求特别高。它既是一个财务工作者的立身之本，也是新时期民航财务队伍建设的重要内容。

本章节财务人员职业道德规范的对象主要是指从事以会计信息为载体的工作人员，既包括单位会计人员，也有注册会计师。前者的职责是依据我国现行会计准则、会计制度等会计法律、法规、规章制度，经过记账、算账、报账等环节，生成会计信息；后者的职责是运用独立审计准则等，对单位会计信息的合法性、真实性、完整性进行社会审计。

## 第二节　民航财务人员的职业道德规范

民航财务人员职业道德是指民航系统财务人员在工作中应当遵循的道德原则和行为规范，也是民航系统财务人员在会计职业活动中应当遵循的、体现会计职业特征的、调整会计职业关系的职业行为的准则。它既是对民航系统财务人员在职业活动中的行为规定，同时又是会计行业对社会所负的道德责任和义务。根据我国会计工作和会计人员的实际情况，结合《公民道德建设实施纲要》和国际上会计职业道德的一般要求，民航财务人员职业道德规范的主要内容包括：爱岗敬业，诚实守信，廉洁自律，客观公正，坚持准则，提高技能，参与管理和强化服务。这八项主要内容中，大部分是由单位会计人员、注册会计师共同遵循的，也有侧重单位会计人员的，如参与管理等。至于注册会计师，还应遵守中国注册会计师协会发布的《中国注册会计师职业道德基本准则》的有关规定，在此不做细述。

### 一　爱岗敬业，诚实守信

爱岗就是会计人员热爱本职工作，安心本职岗位，并为做好本职工作尽心尽力、尽职尽责。它是会计人员的一种意识活动，是敬业精神在其职业活动方式上的有意识的表达。敬业是指人们对其所从事的会计职业或行业的正确认识和恭敬态度，并用这种严肃恭敬的态度，认真地对待本职工作，将身心与本职工作融为一体。对会计职业的不同认识和采取不同的态度可以直接导致不同的职业行为及其后果。会计职业道德中的敬业，就是指从事会计职业的人员充分认识到会计工作在国民经济中的地位和作用，以从事会计工作为荣，敬重会计工作，具有献身于会计工作的决心。

会计人员如果没有形成爱岗敬业的观念，不珍惜自己的职业声誉，不忠于职守，甚至私欲膨胀，就很可能无视国家和企业的利益，向会计信息的使用者提供虚假的会计信息，这不仅严重干扰了信息使用者决策的正确性，而且给社会经济生活和会计职业的形象及声誉带来破坏性的影响。

诚实守信是做人的基本准则，也是公民道德规范的主要内容。市场经济越发达，职业越社会化，道德信誉就越重要。市场经济是"信用经济""契约经济"，注重的就是"诚实守信"。可以说，信用是维护市场经济步入良性发展轨道的前提和基础，是市场经济社会赖以生存的基石。朱镕基同志在2001年视察国家会计学院时，为国家会计学院题词"确信为本，操守为重，坚持准则，不做假账"，这是对广大会计人员及注册会计师提出的最基本的要求。

## 二 廉洁自律，客观公正

会计工作的特点决定了廉洁自律是会计职业道德的内在要求，是会计人员的行为准则。会计人员整天与钱物打交道，没有"日理万金，分文不沾"的道德品质和高尚情操是不行的。会计人员和会计组织只有首先做到自身廉洁，严格约束自己，才能要求别人廉洁，才能理直气壮地阻止或防止别人侵占集体利益，正确行使反映（实情）和监督的会计职责，保证各项经济活动正常进行。

廉洁自律的天敌就是"贪欲"，会计人员因其职业特点容易产生"贪欲"。一些会计人员利用职务之便贪图金钱和物质上的享受，自觉或不自觉地利用职业特权行"贪"，贪欲强的会计人员只要有机会就"贪"，不管采用什么方式，也不顾什么后果。有的被动受贿，有的主动索贿、贪污、挪用公款，有的监守自盗，有的集体贪污，还有的以权谋私。犯"贪欲"的根本原因是会计人员忽视了世界观的自我改造，放松了道德的自我修养，弱化了职业道德的自律。因此会计人员应以马克思列宁主义、毛泽东思想、邓小平理论、"三个代表"等重要思想为指导，树立科学的人生观和价值观。自觉抵制享乐主义、个人主义、拜金主义等错误的思想，这是在会计工作中做到廉洁自律的思想基础。

客观是指按事物的本来面目去反映，不掺杂个人的主观意愿，也不为他人意见所左右，既不夸大，也不缩小。对于会计职业和会计工作而言，客观主要包括以下含义：一是真实性，即以客观事实为依据，真实地记录和反映实际经济业务事项；二是可靠性，即会计核算要准确，记录要可靠，凭证要合法。

公正就是公平正直，没有偏颇，但不是中庸。对于会计职业和会计工作而言，公正主要包括以下含义：一是国家统一的会计制度（即会计准则、制度）要公正。也就是说，会计准则、制度不是为某一特定的主体而制定的，而是为众多主体和社会公众所制定的，它不应偏袒任何一个特定的主体，任何一个主体都能平等地运用会计准则、制度，而不会因某一特定主体的运用较其他主体的运用获得更大的优势。二是执行会计准则、制度的人，即公司、企业单位管理层和会计人员不仅应当具备诚实的品质，而且应公正地开展会计核算和会计监督工作，即在履行会计职能时，摒弃单位和个人私利，公平公正，不偏不倚地对待相关利益各方。三是注册会计师在进行审计鉴证时应以独立的姿态，公平公正地判断和评价，出具客观、适当的审计意见。

## 三　坚持准则，提高技能

坚持准则，要求会计人员在处理业务过程中，严格按照会计法律制度办事，不为主观或他人意志所左右。这里所说的准则不仅指会计准则，而且包括会计法律和国家统一的会计制度以及与会计工作相关的法律制度。会计法律是指《会计法》《注册会计师法》；国家统一的会计制度是指，由国务院授权财政部制定发布或财政部发布的关于会计核算标准、会计基础工作以及会计人员管理的有关规定、制度和办法，如《企业会计准则》《企业会计制度》《金融企业会计制度》《小企业会计制度》《会计基础工作规范》《会计从业资格管理办法》等。与会计工作相关的法律制度是指金融证券、税收等法律制度，如《票据法》《现金管理暂行条例》《支付结算办法》《个人所得税法》《增值税暂行条例》《企业所得税暂行条例》等。会计人员应当熟练掌握准则的具体内容，并在会计核算中认真执行，对经济业务事项进行确认、计量、记录和报告的全过程应符合国家统一的会计制度，为国家、企业、债权人、投资人和其他相关当事人提供真实、完整的会计信息。

会计人员在进行核算和监督的过程中，只有坚持准则，才能以准则作为自己的行动指南，维护国家利益、社会公众利益和正常的经济秩序。注册会计师在进行审计业务时，应该严格按照独立审计准则的有关要求和国家统一会计制度的规定，出具客观公正的审计报告。

提高技能，要求会计人员提高职业技能和专业胜任能力，以适应工作需要。职业技能，也可称为职业能力，是人们进行职业活动、承担职业责任的能力和手段。就会计职业而言，它包括会计理论水平、会计实务能力、职业判断能力、自动更新知识能力、提供会计信息的能力、沟通交流能力以及职业经验等。提高技能是指会计人员通过学习、培训和实践等途径，持续提高上述职业技能，以达到和维持足够的专业胜任能力的活动。

## 四　参与管理，强化服务

参与管理，简单地讲就是间接参加管理活动，为管理者当参谋，为管理活动服务。会计或会计工作并不直接进行企业生产经营活动的管理或决策，会计工作或会计人员在管理活动中扮演着参谋人员的角色，只是尽职尽责地履行会计职责。会计人员间接地从事管理活动或者参与管理活动，为管理活动服务。会计人员要树立参与管理的意识，积极主动地做好参谋，经常主动地向领导反映经营管理活动中的情况和存在的问题，主动提出合理化建议、协助领导决策、参与经营管理活动，不能消极被动地记账、算账和报账。

强化服务是要求会计人员具有文明的服务态度、强烈的服务意识和提供优质的服务。会计人员要在内心深处树立服务意识，为管理者服务、为所有者服务、为社会公众服务、为人民服务。服务是自己的职责，是自己的义务。只有树立了强烈的服务意识，会计人员才能做好会计工作，履行会计职能，为单位和社会经济的发展做出应有的贡献。

## 第三节　民航财务人员的职业道德要求

民航财务工作大有可为，大有作为，就民航财务人员职业道德规范建设问题，可以从"公""诚""信""慎"四方面要求。

### 一　出于公心，为公理财

构建民航公共政策体系，财务人员要增强大局意识，在职业操守中突出一个"公"字。"公"是相对于"私"而言的，这里的"公"，至少有三个层次、三个境界。在一个单位，财务工作十分重要，财务部门是核心部门，要求财务人员务必出于公心，为公理财。在一个行业，尤其是民航这样系统性极强的行业，各单位在分工合作中，不仅要构建无缝隙的安全链和服务链，而且更需要资金链的支撑。特别是民航事业的发展，需要我们积极有为，主动争取，构建有利于行业发展的公共政策体系，这是民航财务人员的共同使命。在一个国家，任何行业都要主动服务经济社会发展大局，特别是民航的战略性先导性特征明显，要更好地体现基础产业和公共服务作用，就必须发挥财政引导和资金支撑作用。这就要求财务人员站位要高，谋划财务工作不能局限于一个单位、一个行业。因此，"公"基本出发点应是集体利益、人民利益和国家利益。

民航公共财经政策体系的基本特征是公共性，目的是提供民航普遍服务、促进均衡发展。不断完善民航公共财经政策体系，要求民航财务人员具备相应的思想观念和思维方法。维护公共价值，树立公共精神，应成为民航财务人员职业操守的重要内容。

首先要用好管好民航发展基金，自觉维护公共价值。民航发展基金是民航建设和发展的重要资金来源，也是构建民航公共财经政策体系重要的着力点。用好管好民航发展基金，要把基金投放的重点放在推进普遍服务和均衡发展上，放在促进行业发展方式转变和结构调整上。用好民航发展基金，要充分发挥基金使用的杠杆作用，把资金投放到"支点"的位置上，起到四两拨千斤的效果。与此同时，管好民航发展基金要加强监管。其次要建立行业财经政策协调机制，积极参与公共事务。作为战略性产业，民航业发展涉及诸多领域，许多工作需要相关部门支持与参与。争取有利于行业发展的财税政策，是各项工作的重中之重。构建行业财经政策协调机制是一种公共事务。民航企业在表达政策诉求时，应尽可能通过行业主管部门集中反映诉求，形成合力。民航局要搭建企业与政府、中央政府和地方政府之间的沟通平台，整合各方资源，争取优惠政策。民航财务人员要克服本位主义，消除门户之见，树立大民航意识和公共精神，正确处理国家利益、行业利益和企业利益之间的关系，积极参与到这项工作中来。

## 二　实事求是，诚实敬业

强化民航安全财务保障，财务人员要增强责任意识，在职业操守中突出一个"诚"字。"诚"是相对于"虚""假"而言的，最基本的就是在财务工作中不做假账，但不能仅限于此。安全贯穿于民航各项工作之中，正确处理好安全与发展、安全与效益、安全与投入等关系，财务承担着重要责任，必须真心实意地服务于安全工作。事实上，对于民航运行单位而言，安全工作和财务工作紧密相连，相辅相成。安全工作好，为效益最大化奠定了基础；财务工作好，又为安全投入提供了物质支撑。

财务人员只有发挥主观能动性，才能把加大安全投入的要求落到实处。这种积极的价值观，可以概括为一个"诚"字。要竭诚改进管理，进一步提高民航财务安全保障能力。财务工作的重心从核算向管理转变的过程是财务管理水平逐步提高的过程，这是民航财务工作今后努力的方向。必须在做好会计核算、加强基础管理的前提下，不断进行管理创新，将财务工作的重心从资金运作的事后核算，转移到资金运作的事前预测计划、事中的监督控制、事后审核分析上来；要竭诚落实责任，进一步加大民航财务安全保障力度。民航财务人员对落实安全责任的负责态度，要表现在主动性上。要提高对安全工作的敏感性和感应度，增强对安全工作的影响力。一方面要熟悉安全工作，了解和掌握飞行、空管、机务、安检等关系行业安全的民航专业知识；另一方面要注重阅读隐含在财务报表中的安全信息，从中找规律、找趋势，查不足、查漏洞，发现安全管理、安全运行中的薄弱环节和安全隐患，向企业决策层主动发出预警。

## 三　坚持原则，诚信公正

建设民航行业诚信体系，财务人员要增强契约意识，在职业操守中突出一个"信"字。人无信不立，有诚意才有信誉。强调民航财务人员在职业操守中突出一个"信"字，就是要通过财务的实际工作效果，证明财务工作是真诚的，是言而有信的，是靠得住的。建设行业诚信体系是一项长期工程，绝非一朝一夕之功。

诚信对财务工作来说尤为重要，民航财务人员应当成为建设民航行业诚信体系的先锋队和主力军。诚信是财务工作的生命线，一名财务人员一旦失去诚信，就意味着其失去了在业内立足的资格，甚至要付出惨重的代价。财务人员要始终把诚信从业作为立身之本，爱岗敬业，坚持原则，实事求是，客观公正，保证财务信息的真实完整；自觉抵制违纪现象，敢于纠正他人的违规行为，拒绝上级违反法纪的指令，在高质量完成工作任务、维护财务工作秩序的同时，不断提高自身的专业素质，不断升华自己的人格修养；要始终把诚信经营当作兴业之资。对于企业来说，诚信不仅是一种责任，更是一种巨大的无形资产。民航企业作为市场主体，是建设民航行业诚信体系的主角，在经营活动中，要坚持把恪守诚信当作经营宗旨。不讲诚信的企业，也许会得逞一时，但终将会被逐出市场，甚至会血本无归。建设诚信体系，要先从政府诚信行政开始，就是要做到"四宜四忌"：宜与时俱进，忌保守僵化；宜政策稳定，忌朝令夕改；宜部门协同，忌政出多门；宜说到做到，忌言行不一。

## 四　严谨细致，慎始慎微

落实民航财务管理制度，财务人员要增强法纪意识，在职业操守中突出一个"慎"字。"慎"就是谨慎、小心。财务工作本身的特点，要求财务人员要注重细节，严谨细致，一丝不苟。财务人员要坚持依法理财，不能肆意妄为，无视财经纪律，既不能谋取私利，也不能纵容单位和他人违法乱纪。

近年来，民航局严肃财经纪律，加强制度建设，已初步形成以部门预算为核心的民航财务管理制度。与此同时，民航局通过清理"小金库"、规范经营性资产，从源头上一定程度地消除了滋生腐败的温床；通过加强规章制度建设和提高财务管理技术水平，大大降低了发生腐败案件的概率。但是民航系统廉政风险依然存在，资金安全压力仍然很大。

财务人员要高度警惕，要在自己的职业行为准则中架设一条绝对不敢碰的党纪、政纪、法纪"高压线"，努力做到四"慎"。首先要慎始。慎始就是要把握好开始，加强慎始教育应该是财务人员入门的必修课。财务人员每天和钱打交道，面对的诱惑很多。在诱惑面前，守住了做人、做事的底线，守住了伸手的第一个冲动，就守好了人生的每一步。否则，覆水难收，悔之晚矣。其次要慎微。慎微就是要防微杜渐、把握住底线。"勿以善小而不为，勿以恶小而为之。"作为一名公职人员，不要贪图小利，要努力在工作中体现自己的人生价值。再次要慎独。一般人犯错误，主要原因是自负、贪婪和抱有侥幸心理。财务人员慎独的关键是要坚决防止侥幸心理，自觉接受制度的监督。最后要慎从。

"慎从"主要是不能一味地盲从，甚至违反原则地跟从。财务人员相对于单位领导有天然的从属性，经常要接受单位领导的指派，完成一些财务工作。在上级领导发出指示时，财务人员头脑一定要清醒，要有是非观念，对的就听，坚决服从；错的不能盲从，要想办法予以纠正。在关键的时刻，要有正气。

**问题与思考**

1. 结合实际，谈一谈对民航财务人员的职业道德要求。
2. 如何提升民航财务人员的职业道德素养？

# 第八章
# 民航职业道德建设

职业道德重在建设。高尚的职业道德,通常不会先天自发地形成,而需要通过后天有效的职业道德教育和职业道德修养来促成。我国民航事业的健康可持续发展,有赖于民航行业整体职业道德水平的提高。在建立社会主义市场经济新体制的条件下,在全面深化改革和现代化建设进程中,民航职工职业道德教育与修养是统筹推进国家"五位一体"总体布局和民航"12334"总体思路,协调推进"四个全面"战略布局和民航强国战略的重要保证。

通过职业道德教育和修养,加强民航职业道德建设,为民航事业的发展提供良好的职业行为和道德环境,对于进一步解放行业思想和增强行业活力,提高全行业的工作质量和经济效益,树立行业新风,培养"讲政治、有信念,讲规矩、有纪律,讲道德、有品行,讲奉献、有作为"的"四讲四有"民航工作人员,继承和发扬民航优良传统,弘扬和践行当代民航精神,投身于实现民航强国梦想的伟大征途和当代民航精神的生动实践,建设社会主义精神文明,具有重要意义。

## 第一节　民航职业道德教育

民航职业道德教育，是民航工作人员职业道德行为和品质形成的重要途径，是职业道德建设的首要环节。只有掌握职业道德教育的内涵、特点和方法，才能提高职业道德教育的有效性，使民航职业道德的要求转化为全体工作人员的自觉行为和内在品质。

### 一　职业道德教育的基本内涵

#### （一）职业道德教育的含义和内容

职业道德教育是指用职业道德的原则和规范，通过不同的途径和方法，有组织、有计划、有目的地对受教育者施加系统的职业道德影响的活动。它是职业道德实践活动的重要内容之一。通过这种活动，受教育者能够增强职业道德意识，明确职业道德要求，从而自觉遵循其行为准则，履行其职业义务，逐渐形成良好的职业道德品质。只有对民航工作人员不断地进行职业道德的宣传和教育，才能使他们明确加强职业道德建设的重要性，掌握职业道德的基本知识，遵守本岗位的职业道德规范，做到应知应会，身体力行。

职业道德教育的内容很多，归纳起来可分为两大部分，即基本原理和规范要求。这是基础和专业、共性和个性的关系。职业道德的基本原理，并非仅指道德和职业道德本身，还包括马克思主义的基本理论、共产主义的理想和无产阶级的人生观等，这是基础的基础。民航工作人员没有马克思主义的立场、共产主义的理想和无产阶级的人生观，就不可能深刻地理解和认真掌握职业道德的基本原理，也就不可能严格地遵守和自觉地执行职业道德的具体规范。职业道德的规范要求包括职业道德的范畴、原则、准则、规范和要求等，这不但是指普遍的、一般的，即适用于一切职业的道德规范和要求，而且是指根据本系统、本行业、本岗位的具体情况制定出来的职业道德准则和要求，它是职业道德教育的落脚点，具有可操作性。基本原理和规范要求之间的关系：前者是基础和前提，后者是具体行动的向导，两者相互联系、相互作用，不可偏废。在进行职业道德教育时，必须紧紧抓住这两个方面同时进行。在一定时间内，可以有所侧重，但在整个过程中，不能顾此失彼或一重一轻，否则就难以达到总体提高的目的。

### （二）职业道德教育的一般过程

职业道德教育的过程，是指教育者通过教学活动，把一定的职业道德原则和规范进行转化，使受教育者自觉地培养和形成职业道德品质的过程。一个人职业道德品质的形成和发展，既依赖于客观的社会经济条件，也有赖于个人的心理发展规律。从人的心理角度来看，任何一种道德品质，都包含有一定的道德认知、道德情感、道德意志、道德信念和道德习惯五种基本成分，简称"知、情、意、信、习"。这五种基本成分互相依赖、互相作用。道德品质的形成和发展，就是这些基本成分共同作用的一种综合过程，即通过提高职业道德认知，培养职业道德情感，锻炼职业道德意志，树立职业道德信念和培养职业道德习惯五个环节，相互作用，逐渐渗透而形成特定的职业道德品质。因此，职业道德教育要抓住这五个环节，形成自己的教育环节和过程。

#### 1. 提高职业道德认知

职业道德认知是指人们对职业道德原则、规范和意义的理解和掌握，包括职业道德观念的形成和职业道德判断能力的提高。提高职业道德认知的主要任务就是把职业道德常识上升到深刻的理性认识。

提高职业道德认知，是职业道德教育的首要环节。认知是情感产生的依据,是进行意志锻炼的内在动力,是决定行为倾向的思想基础。一般来说,从业者对职业道德认知得越深、越全,其情感也越强,意志和信念越坚,这样才能形成良好的道德行为和习惯。行为受认知的支配,认知是行动的基础和先导。职业道德的认知正确与否,决定了从业者能否正确对待和处理职业实践中的各种道德关系,能否自觉履行职业道德义务。民航职业道德认知主要包括对民航职业道德重要作用的认识,对民航职业道德原则、作用和规范的认知,对民航职业道德行为的善与恶、美与丑、荣与辱、是与非的鉴别和评价,特别是对个人与个人、个人与集体、个人与行业、个人与社会之间利益关系的认知。民航工作人员职业道德认知水平与他们的知识水平、生活经验有密切关系。民航工作人员职业道德认知的提高,除了在职业活动实践中实现外,理论教育是一个很重要的环节。职业道德的理论教育,可以向从业者"灌输"有关职业道德的原则、规范、要求等,强化他们的职业道德意识,提高他们的职业道德认知水平。

**2. 培养职业道德情感**

职业道德情感是指人们在职业实践活动中,对道德关系和道德行为好坏、善恶的内心体验。它表现为愉悦或烦闷,爱戴或厌恶,高兴或悲伤等情绪。从它的内容看,有职业的自豪感、荣誉感、责任感、羞耻感、幸福感、自卑感等。职业道德情感来源于职业道德认知,是职业道德认知在情感方面的具体表现,它是职业道德认知转化为职业道德动机和信念的催化剂,对职业道德行为起着约束和推动的作用。列宁指出:"没有'人的感情',就从来没有也不可能有人对于真理的追求。"[①] 同样,没有社会主义职业道德情感,就没有也不可能有对社会主义职业道德的自觉行为和高尚道德品质的追求。培养职业道德情感,就是要让工作人员对其所从事的职业具有自豪感、责任感,其职业本身对工作人员有一种内在吸引力,使工作人员对职业产生一种内在情感,去追求情感上喜欢的善行,反对情感上厌恶的恶行,从而自觉地、积极地、愉快地按照职业道

---

① 《列宁全集》第 20 卷,人民出版社,1958,第 255 页。

德要求从事本职工作。职业道德情感的形成或改变因人因环境而异。人们对于所从事的职业的情感，有的是恰合秉性的，但更多的是在职业活动中逐渐培养起来的。社会主义职业道德的情感是在职业生活的实践中，在不断提高道德认识的基础上形成的。譬如，集体主义的情感，就是在集体职业生活中，在不断提高对集体的认识的基础上产生和发展起来的，并在集体的职业活动中表现出来。试想一个人如果不参加任何集体活动，对集体缺乏必要的认识和了解，那么他就不可能对集体产生深厚的感情。因此，要使人们形成或改变某种情感，不仅要依靠理性力量，还要充分利用职业实践中的环境、活动以及教育的条件。尤其是通过一些典型事例或现身说法的教育，从心理上、从情感上，培养真挚的职业道德情感。

当前，中国民航工会组织的民航劳模大讲堂巡讲、由民航局政工办主办的"最美民航人·弘扬和践行当代民航精神"专栏等活动，都是培养民航工作人员职业道德情感的有效手段，以榜样的力量号召全体民航工作人员统一思想，凝聚力量，为实现"中国梦"和"民航强国梦"提供不竭的精神动力。

**3. 锻炼职业道德意志**

职业道德意志是指人们在履行职业道德义务过程中，自觉地克服内心障碍和外部困难，支配和调节自己行动的毅力和能力。意志表现于行动之中，道德意志在道德行为上表现为具有自觉性、果断性、坚持性和自制性，是一种自我控制和约束的能力。坚强的职业道德意志是人们履行职业道德要求的重要保证。因为人们在履行职业道德义务的过程中总是会遇到这样或那样的困难，通常包括来自两方面的困难，即内部困难和外部困难。内部困难是指人们在职业道德行动时有相反的要求和愿望的干扰，如感到工作上待遇低于自己的付出，完成任务缺乏信心，以及情绪不佳等。外部困难是指外部条件的障碍，如缺乏必要的工作条件或来自他人的干扰等。面对这些困难，民航工作人员如果没有坚强的职业道德意志，就可能在行为上违反职业道德要求。职业道德意志是人们职业道德品质形成过程中，从道德认识、情感转向行为的关键环节，它的作用主要表现在：一是使道德的动机经常战胜不道德的动机，用理智战胜欲望，制止错误行为的发生；二是有克服困难的决心和勇气，为实现既定目标而坚持到底。职业道德意志的锻炼必须以正确的职业道德认知为基础，以参加职业实践活动为基本途径，结合行业特点和职工个性特点，有针对性地进行教育工作，只有当职工充分认识到职业道德对职业行为的重要性时，才会在职业道德的实践中知难而上、坚持不懈。

### 4. 树立职业道德信念

职业道德信念是人们对职业道德义务的真诚信仰和强烈的责任感。它是深刻的职业道德认知、炽热的职业道德情感、顽强的职业道德意志升华到一定高度后产生的。当人们把道德认识变成自己的行动原则，坚信它的正确性；当执行这些原则产生种种情绪体验并坚定不移执行这些原则时就出现了道德信念。因此职业道德信念是职业道德知、情、意的有机统一，具有综合性、稳定性和持久性的特点。

职业道德信念是人们职业道德觉悟的主要表现，是职业道德品质的灵魂。人们一旦牢固地确立了某种道德信念，就能坚定不移地按照自己确定的道德信念来选择职业行为和进行职业活动，也能依照自己确定的道德信念来评价自己行为和别人行为的善恶。事实证明，民航系统的许多先进模范人物，他们的崇高表现之一就在于他们具有献身民航事业的真诚信仰，因而他们能够不计个人名利，不怕别人讽刺，敢于冲破重重困难和阻力，忠实履行自己的职业责任和义务。职业道德信念的树立，不是靠自发的，而是要通过长期有效的职业道德宣传和教育，潜移默化，深入人心，才能逐渐树立职工群体和个体正确的职业道德信念。

### 5. 培养职业道德习惯

职业道德习惯是指人们的某种道德行为成为反复持久的、习以为常的道德实践。它是由不经常的道德行为转化为道德品质的重要环节，是评价职业道德品质的根本标志，是职业道德教育的目的。

训练职业道德习惯的重要意义，在于它不仅使某些行为方式得到巩固，而且这些巩固了的行为还会在新的环境中得以延伸。这就是说，训练可使某些巩固了的良好习惯在新的环境中产生新的良好行为习惯。如养成遵守工作时间，保持工作现场整洁的习惯，久而久之，就会形成工作的准确性、文明生产等职业道德品质。更为重要的是，工作人员形成了某种良好的道德习惯，一旦遇到干扰引起消极情绪时，仍旧能够保持职业道德要求的行为，道德习惯也就成为道德行为的一种内驱力。因此，在职业道德教育中培养好习惯，根除坏习惯便显得非常重要。必须指出，职业道德习惯的培养不能单纯依靠练习和重复，也不能当作一种动作技能来掌握，因为道德的训练并不等同技能训练，重要的是要形成一种气候，使道德习惯成为工作人员自己的需要，把工作人员的需要、动机和行为、效果统一起来，把行为习惯训练同职工的自我修养结合起来，这样才能养成工作人员的道德行为习惯，使工作人员行动起来"从心所欲不逾矩"。

总之，从职业道德认知到职业道德习惯的形成是一个完整的职业道德教育过程。在这一过程中，职业道德认知是前提和基础，职业道德情感和意志是两个必备的内在条件，职业道德信念是道德支柱，职业道德习惯是道德品质的外在表现。职业道德教育过程，就是晓之以理、动之以情、炼之以志、树之以信、导之以行的综合过程。

## 二　职业道德教育的基本特点

职业道德教育以从事职业活动的工作人员为对象，以培养工作人员良好职业道德品质为目的，因而它既具有一般社会教育的共性，又具有不同于一般社会教育的个性。这些个性特征主要表现在如下几个方面。

### （一）从内容来看，职业道德教育具有广泛性

民航职业道德教育在内容上具有广泛性，应该兼具社会共性和行业个性。在共性上民航职业道德教育都有《公民道德建设实施纲要》中"爱国守法""明礼诚信""团结友善""勤俭自强""敬业奉献"等基本的道德要求和"爱岗敬业""诚实守信""办事公道""服务群众""奉献社会"等基本的职业道德要求。在个性上，由于内部分工不同，民航系统内的各行各业都有不同的职业道德规范。所以，民航职业道德教育既要有一

般公民道德规范的共性内容，又要结合行业的特点，提出民航职业道德规范的具体内容，把共性与个性有机地结合起来，并且在内容上还应当广泛地包括各种社会关系中的道德要求。如果只专注于某项职业道德的具体义务和要求，而忽略了其他社会关系上的道德义务和要求，那么就可能出现，受教育者在某方面表现出好的道德行为，而在另一方面表现出不好的行为，比如在职业道德教育中只进行了"爱国守法"的教育，而忽视了"团结友善"的教育，那么就有可能使部分受教育者严于律己，洁身自爱，对他人却漠不关心，冷若冰霜。这样就不能在总体上具有新时期的社会主义职业道德品质。当然在某一时期、某一特定环境下，可以突出某一方面的职业道德教育，但是作为全面的民航职业道德教育不应只局限于某一种或某一方面的职业道德要求，而是应该把所有与职业有关的职业道德义务与要求都涵盖进去，才能培养出高尚的职业道德情操。

## （二）从受教育对象来看，职业道德教育具有针对性

职业道德教育与一般的道德教育不同，它是对受教育者的一种行为教育。由于从业者所从事的职业不同，教育的内容也应不同，要有的放矢。对于民航系统来说，就是要教育本系统的从业者认识民航行业在国民经济中的地位和作用，掌握民航工作人员职业道德的基本原则，以及自己所从事的工作的职业道德规范和具体要求。尤其重要的是，民航各单位在进行职业道德教育时，必须结合本地区、本行业、本单位的具体情况进行教育。一方面，我国幅员辽阔，民航从业人员遍及全国，各地区、各城市均有不同的特点，南方的和北方的，东部的和西部的，高原的和平原的，在生产条件、生活方式等方面都有很大的差异，由此会造成从业者职业意识上的不同；另一方面，民航系统内部分工细致，工种繁杂，队伍庞大。从业者之间在职业性质及文化层次上存在着不同，机场的、航空公司的、空管的、油料的等。面对这些林林总总的不同教育对象，职业道德教育绝不能盲目进行，必须因地、因业、因人地开展教育。这就要求职业道德教育者在进行教育时，应该先对本地区、本行业、

本单位的职业道德建设状况进行调查分析，包括对行业特点、职业活动态势、职工的思想认识和道德水平、单位的重视程度等方面进行深入的了解，从中找出教育的重点和难点，有针对性地拟订教育方案、教育内容，选择执教方式。

### （三）从形式来看，职业道德教育具有多样性

社会生活的复杂性，使职业道德呈现多种形态，又由于受教育者本身的教育背景和生活经历不同，其职业道德面貌表现各异。这表明职业道德教育对象的道德基础参差不齐，不同于一般院校的教育对象——在校学生的知识基础大致相同。所以职业道德教育的起点不能一刀切或者拘泥于职业道德教育一般过程，而应根据受教育者具体品德状况，选择最适合、最迫切的方面来切入。这就是说，在职业道德教育的认知、情感、意志、信念和习惯这五个环节中，到底从哪个环节入手进行教育，应根据工作人员的具体品德状况而定。比如对意志薄弱者，应从增强其职业道德意志开始；对形成不良习惯者，应从加强职业道德习惯的转化入手。正因如此，职业道德的教育不应拘泥于一种形式，应该采取多种形式，包括开设课程进行理论教育，举办讲座进行案例研讨，组织报告会介绍先进事迹或现身说法，开展集体活动提供道德实践场所，等等，形式多样，机动灵活。

再则，虽然职业道德教育过程划分为"知、情、意、信、习"的五个基本环节，但并不意味着职业道德教育可以单纯地从某一环节进行，或机械地遵循知、情、意、信、习的顺序进行。在实际教育过程中，这些因素或环节是难以分开的，往往是同时或交叉发生作用的。一般来说要根据受教育对象的具体情况，既要突出某一方面，又要兼顾其他方面。应着眼于整体，激发各种因素之间相互交流，充分发挥其各自的独特作用，以提高整体的综合效应。这是职业道德教育多样化的又一体现。

### （四）从方式来看，职业道德教育具有生动性

任何一种教育，要达到教学效果和教育目的，注意方式方法的生动性实践是非常重要的，职业道德教育也不例外。何况职业道德的教育在

内容上有许多具体实际的方面，它们来自工作人员的日常工作和生活，是工作人员所熟悉和关心的。因此，在进行道德和职业道德的基本理论教育的基础上，应紧扣上述内容，选择典型事例，联系受教育对象的思想实际，运用职工喜闻乐见的方式，生动有效地进行教育，便可收到意想不到的良好效果。

职业道德教育的生动性，是职业道德教育本身的要求。在现实生活中，人们的职业活动并非呆板僵化、一成不变的，而是生动活泼、千变万化的。对于各类从业者进行职业道德教育，当然不能单靠我讲你听的传统的课堂传授方式，而要善于运用各种方式，让受教育者在最佳状态中接受教育。在这方面，不少院校和民航单位探索和创造了许多生动活泼、行之有效的方式，如宣讲、辩论、专题征文、一事一议、文艺表演等。这些受工作人员和学生们欢迎的教育方式，有力地推动了民航职业道德教育工作的开展，收到了良好的效果。

## （五）从过程来看，职业道德教育具有长期性

职业道德教育是一项经常性的长期工作。从工作人员思想发展规律来说，职业道德教育不可能是一劳永逸的。人们的思想会受到各种因素的影响，社会现象、人际关系是纷繁复杂的，它们会对职业行为的实践者施以强烈的影响。因此，不能认为在学校里已受到职业道德教育，或者在岗位上已接受过职业道德培训，就可以高枕无忧了。职业道德教育是一项经常性的思想政治工作，必须长期坚持，常抓不懈。这是因为：第一，职业道德是作为职业行为的一种准则，人们的职业行为是社会分工的产物，而社会分工又是随着社会经济的发展而变化的。因此，人们的职业行为也是随着社会经济的发展而产生不同的内容和要求，从而引起职业道德教育的具体内容的发展和变化。第二，受教育的职工队伍，也经常在发生变化，有进有出。每年会有大批新的从业者进入职工队伍中。有的从中学毕业生或社会待业人员中来，他们未受过职业道德教育；有的从大中专学校或技校中来，他们虽受过职业道德的理论教育，但没有实践经验；有的从外系统调到本系统来，未受过本系统的职业道德教

育。这就要求职业道德教育必须反复地进行。第三，思想道德教育本身就是一项长期性的工作，俗话说"十年树木，百年树人"，道德观念的转变，道德信念的确立，世界观的改造，绝不是一次教育、一场报告、一个活动所能奏效的，而是要长期坚持、不断努力才能实现的。

坚持职业道德教育的长期性，就意味着不怕重复。事实上，对从业者进行职业道德教育，就应该具有重复性，要经常不断地重复进行。只有反复地进行教育，才能使受教育者形成深刻的印象。当然，我们并不提倡简单重复，而应该不断创新，不断发展，才能达到"温故而知新"的效果。这是因为道德品质是一个深刻的精神领域，通过职业道德教育来培养良好的职业道德品质绝不是一蹴而就的，而是一个极艰巨复杂，需要多次反复进行的过程。在职业道德教育的几种因素中，即使是比较单纯地传授职业道德知识，也需要经过反复教育，才能使人们理解和掌握，至于职业道德的情、意、信、习的养成，较之传授知识，就要困难得多、艰巨得多。比如职业道德情感的培养，一般来说"知之深，爱之切"，如果对职业的认识只是停留在浅层的朴素认识阶段，那么从业者不可能对职业产生深沉的、稳定的情感，只有经过反复认识、反复感染，才能真正按照职业道德要求，从感情上爱其所爱、恨其所恨。更何况随着社会的进步不断出现新的情况，对职业道德提出新的要求，就更需要根据新要求不断反复地进行职业道德教育。

职业道德教育的长期性还表现在教育效果的渐进化。人的道德品质具有质的相对稳定性，是长期量的积累的结果。通过教育来塑造和改变人的道德品质是有效的，但其效果具有渐进性，绝不是一经教育就立即发生质变。优秀的道德品质都经历了一个由微见著、积小善为大德的渐进过程，即古人常说的"积善成德"。恶的道德品质也是渐变而来的，不是天生的。职业道德教育的效果有如积跬步而致千里，积小流而成大海，只能是受教育者的道德观念和行为日积月累、循序渐进的结果。因此职业道德教育不能操之过急，不能期望立竿见影，而要重视受教育者的点滴进步，潜移默化，循序渐进。

### （六）从目的来看，职业道德教育具有实践性

所谓实践性，一方面是指职业道德教育必须适应职业实践的客观情况和客观要求，另一方面是指职业道德教育必须注重引导人们实际地履行职业道德义务。这是因为，实践是培养人们道德品质的熔炉。道德本身具有知行统一的特点，道德离开了实际的道德行为就变得毫无意义。不仅职业道德的知、情、意、信、习需要在实践中培养和训练，而且由"知"向"行"的转化就是一个实践过程。实践又是职业道德教育内容的依据，离开实践，再好的教育也只能是空谈。实践还是检验道德教育效果的唯一标准，职业道德教育是否适宜，有无成效及其成效大小，只有通过教育，在人们的职业实践活动中才能显现出来。

实践是职业道德教育的最后一个环节，在职业道德教育中所获得的理性认识，在职业实践中加以运用，达到进一步提高认识的目的。从业者在实践中，自觉地按照职业道德准则和要求，规范自己的言行，不断加深对职业道德的理解，逐渐强化自我意识。为了使受教育者在实践中得到预期的效果，还要创造良好的环境，使教育成果顺利地转化为职工良好的职业道德行为。要做到这一点，一方面要加强领导干部的示范实践，身教重于言教。领导干部的廉洁清政、克己奉公是一种无声的命令，它将给职工树立楷模。干部的道德实践，激发着职工道德体验的共鸣，提高了他们职业道德实践的自觉性。另一方面，要密切干群关系，融洽感情，共建文明。教育者与被教育者之间，在道德实践上是平等的。无论是学校教师还是企事业单位党务人员，应该与学员、职工和谐相处，共同探讨职业道德的规律，实践职业道德的理论。在实践中，共同提高师生、干群的职业道德水平。

## 三　职业道德教育的主要方法

职业道德教育是为了培养工作人员良好的职业道德品质，提高工作人员对于职业行为的是非、善恶的判断和评价的能力，提高工作人员职

业道德自我教育和完善的能力。为了达到这一目的，必须采用适当的教育方法，一般地说应根据职业道德的特点和工作人员的实际情况来确定。

## （一）传授知识与个人示范

传授知识就是向工人传授前人和他人道德实践的经验，特别是从这些经验中科学地抽象出来的理论知识，其主要目的在于提高人们的职业道德认知。工作人员的职业道德水平往往同职业道德认知水平成正比。工作人员对职业道德的理论、原则、规范和经验有了深入的理解，才能自觉意识到应该怎么做，什么不应该做，从而真正地付诸实践。实际生活中大量事实表明，不少人特别是青年工作人员的不道德行为，往往是出于职业道德上的无知，或者一知半解，或者理解不正确。所以采取多种形式向工作人员传授职业道德知识是职业道德教育工作的重要任务，又是普遍提高工作人员职业道德识别能力、促进职业道德进步的基本手段。

个人示范指职业道德教育者的表率作用。传授知识和个人示范，是达到职业道德教育目的的两个密切相关、相辅相成的方面。教育者不仅要言传，而且要身教，这是教育基本法则之一。凡是要求受教育者应做到的，教育者本人应先做到。这不仅是在职业道德教育中起到示范作用，而且使教育者的宣传教育更具有说服力。我们可以看到，一个单位的领导者在职业道德上身体力行，率先垂范，赢得职工的信赖，就会深刻地影响整个企业的职业道德风貌。

## （二）集体影响和自我教育

通过集体内部的相互影响、感染和压力来规范职工的行为是职业道德教育的一种有效方法。因为人们的职业道德观念和行为与其生活工作的环境和道德气氛密切相关。人是社会的人，生活在一定集体中的个体往往迫于集体的压力希望自己行为趋同于集体，当集体的道德规范被个人所接受时，就会成为控制和影响个体的手段。所谓"近朱者赤，近墨者黑"，即表明了集体环境对个人品质形成的巨大影响。比如，一个单位有良好的风气，对于新来的职业道德较差的工作人员可以起到约束作用，并有效地转变这个工作人员的职业道德面貌。另外，同一集体的成员虽然各有差异，但由于他们工作上有联系，所处地位和环境相同，以至于他们具有许多相似的心理状态和共同语言，这样就为其相互之间的交流和影响奠定基础。如果一个集体有良好的和谐的集体生活，各个成员之间的好思想、好习惯就能互相感染，互为效仿。

集体力量和环境压力影响从业人员个人时，也伴随着从业人员自我教育的过程。在将集体意识转化为从业人员的个人意识和行为过程中，没有从业人员个人的思想斗争，自我教育也是难以实现的。唯物辩证法认为"外因是变化的条件，内因是变化的根据，外因通过内因而起作用"。[①] 在职业道德教育中，利用集体和环境的影响力是必要的，但仅限于此还不行，只有启发从业人员的自觉意识，进行自我教育，产生强烈的向善愿望，才能做到自我约束、自我批评、自我反馈、自我评价，从而把职业道德行为由被动转变为主动，使其自觉履行职业道德义务。

### （三）树立榜样与舆论引导

树立榜样进行职业道德教育是一种有效方法。这种方法的特点是通过榜样的言行，把抽象的职业道德理论知识、原则和规范形象化、具体化，使受教育者从这些可见、可亲、可感、可行的榜样身上学习对照，汲取力量。比如我国古代孔融让梨实乃让"礼"的形象，至今仍具教育意义。榜样的力量是无穷的，因为当今榜样身上总是集中而又生动地体现了社会主义职业道德的要求，在群众中有广泛的影响，发挥着潜移默化的启发引导作用。榜样是一面镜子，对照它可以看到自己心灵上的瑕疵和行为上的差距，从而及时加以矫正。在职业活动中，职工在本质上是仰慕、向往和追求高尚职业道德的，职业道德教育要针对从业人员的这种心理特征，运用榜样去启发、激励、引导其履行职业道德义务，做一个职业道德高尚的从业人员。

道德的约束力来自社会舆论。在职业道德教育中就要发挥社会舆论的

---

① 《毛泽东选集》第 1 卷，人民出版社，1991，第 302 页。

褒贬作用,利用舆论压力来约束和规范从业人员的职业道德观念和行为。比如在从业人员中就某一个具有职业道德意义的品行进行讨论、交流,进而形成倾向性意见,而这种倾向性的道德舆论产生,就会对职工的思想和行为形成一定程度的压力作用。由于人的本质的社会性和从众的心理特征,使社会舆论对人们具有约束规范作用。社会舆论对人的影响作用表现为造成一种包围人的某种道德氛围,使人在某种程度上自觉或不自觉地顺着压力方向去思考和行动,否则就会受到舆论责备和忍受个人内心的不安。在一个单位,如果形成对好的职业道德品行的褒扬舆论,对恶的职业道德品行的贬抑舆论,那么就有利于激发职工在道德上、事业上的进取心,为每个职工充分发挥自己的才干提供良好道德舆论环境。

## 四 在校学生的职业道德教育

民航系统各类院校的在校学生,就是民航系统职工队伍的新生力量,利用在校机会加强对他们的职业道德意识和素质的培养,是民航职业道德建设不应忽视的一个部分。这对于提高民航职业道德整体水平具有重要意义。

加强在校学生的职业道德培养是学校思想政治工作的一项重要内容,是学生从业前准备的重点之一。这是因为职业道德的培养决定了职业人才素质的发展方向,培养又红又专、有德有才的职业人员是学校教育的目的,也是学生成才的方向,更是民航事业发展的客观要求。如果学生毕业走向工作岗位,不懂或不讲职业道德,再有才干也必然做不好工作。因此必须重视对在校生职业道德的培养,把职业道德培养与思想政治工作结合起来,把职业道德培养与专业学习结合起来,使学生成为适应民航事业发展需要的合格人才。

既然职业道德培养是在校生从业前准备的一个重点,那么对在校生培养应着重抓好以下几个方面工作。

### (一)认识职业生活意义,加强职业道德意识

作为未来的民航从业人员,为了使自己未来的职业生活熠熠生辉、

卓有成效，就要深刻领会职业的性质和作用，真正弄懂遵守职业道德的重要性。职业生活对人生具有重要意义，因为职业生活占据了人生的大部分，并且是最宝贵、最充满活力的部分。人们通过职业生活创造社会物质财富和精神财富，丰富着人们的物质生活和精神生活。人生的价值主要在职业生活中获得创造和实现，从而获得人生的真正幸福。职业生活的重要意义决定了职业道德的重要性，职业道德是职业生活中的行为规范，是职业生活中有所贡献、有所创造的必要保证。没有良好的职业道德素质，就不可能创造灿烂的职业生活和实现人生的价值。

### （二）学习职业道德知识，注重道德自我修养

在未来的职业生活中，要使自己的行为符合职业道德的要求，就必须首先掌握职业道德的基本知识、基本原则和规范，从而避免由于无知或理解错误而产生不道德的职业行为。尽管不同的岗位对从业者有不同的具体要求，但并不妨碍我们去掌握职业道德的那些共同的基本要求。尽管职业道德品质需要在职业实践中去锻炼并提高，但并不排除我们从业前的自我道德修养。职业道德品质是以一般道德品质为基础的，二者的实质精神是一致的。很难想象一个人一般道德品质较差，而职业道德品质却很好。因此在校生应注重道德修养，要做一个合格的民航从业人员，首先要努力做一个合格的学生。

### （三）热爱所学专业，掌握职业技能及本领

未来的职业生活，不仅需要良好的道德品质，而且需要扎实的专业知识和技能。学习的直接目的就是为将来的职业生活打好基础，积累知识。只有热爱自己所学专业，树立献身事业的崇高精神，才能勤奋学习，刻苦钻研，掌握专业知识和技能，也才能热爱未来的职业生活和工作岗位，进而才能在未来的职业生活中大显身手，多做贡献。能否做到立志成才，掌握职业本领，在一定意义上也反映出一个人的道德品质的水准、刻苦学习的过程，这个过程也是一个良好道德习惯的养成过程，为未来的职业生活中形成良好的职业道德做准备。

## 第二节 民航职业道德修养

职业道德修养是道德活动的一种重要形式,它是使一定的职业道德要求和个人的职业行为达到深刻地、有机地统一的自我证明,也是衡量人们职业道德水平的标尺。在职业道德建设中,职业道德教育是从外部对从业人员施加影响,职业道德修养则是从业人员自觉地自我锻炼的活动。只有这两个方面的内外配合、共同作用,才能有效地进行职业道德建设。

### 一 职业道德修养的基本内涵

"修养"一词出自《孟子》的"修身""养性"。它的含义很广泛,既有"修身养性""反省体验"的意思,又包含有良好的待人处世的态度,还可以指政治思想、道德品质和知识技能等方面的某种能力和所达到的水平,如通常说的理论修养、思想修养、艺术修养等。总之"修养"主要是指人们在政治思想、道德品质和知识技能等方面所进行的勤奋学习和涵养锻炼的功夫,以及经过长期努力所达到的一种能力和思想品质。

职业道德修养是指从业者依照职业道德的原则和规范,在职业道德品质方面所进行的自我锻炼、自我改造的过程,磨炼涵养的功夫以及所应达到的境界。在职业道德修养中,人们的道德主动性和积极性得到了充分的发挥,个人从职业道德教育的对象变成了职业道德修养的主体,通过自我反省、自我解剖、自我批评,把职业道德的原则和规范转化为个人内心的深刻信念，并将这种内心信念转化为职业活动的道德行为。

职业道德修养是道德修养的一个重要组成部分。自古以来，各个阶级、各个社会阶层都非常重视道德修养。在中国，从春秋孔孟的儒家学说，到宋明以后的道学，都十分强调道德修养。孔子认为修养成高尚的品德，不仅可以严肃认真地对待一切事情，而且能够使百姓得到安定，这就是"修己以敬"和"修己以安百姓"（《论语·宪问》）。所以他最忧虑的事情是"德之不修，学之不讲，闻义不能徙，不善不能改"。宋代朱熹在这段话的注释中说："德必修而后成，学必讲而后明。"孟子更强调道德修养，他把道德修养称为"养气"，即培养"浩然之气"。这种"浩然之气"如果用正义去培养而不损害它，它就会充满天地之间。这种"气"是积累了正义的行为而生成的，不是偶然一次的正义行为所能够取得的。宋明以后的道学家深感封建社会日趋没落，企图用道德伦理来维持已经腐朽的封建制度，于是也强调以道德修养来陶冶人的德行、改善人的气质。封建统治者还提出不少道德修养的方法，如"立志""自省""慎独""躬行""洁身""磨炼"等。不过，剥削阶级所强调的道德修养是脱离人的社会实践的纯精神的"修养"，是从唯心主义出发的。我们无产阶级同样重视道德修养，但无产阶级是从辩证唯物主义和历史唯物主义出发的。在无产阶级的革命导师和领袖们的著作中，"修养"一词是经常被使用的。大家都知道，我们党的卓越领袖刘少奇同志早在延安时期就发表了《论共产党员的修养》一书，号召共产党员要"加紧自己的修养"，只有"革命者在革命斗争中的主观努力和修养"，"才能使自己成为品质优良、政治坚定的革命家"。我们党的老一辈无产阶级革命家，之所以具有高尚的共产主义品质，正是他们在革命实践中自觉地坚持道德修养的结果。我们敬爱的周恩来同志在四十五岁时，还专门自订了七条"修养要则"，特别规定"要与自己的、他人的一切不正确的思想意识作原则上坚决的斗争""纠正自己的短处""永远不与群众隔离"等。周恩来同志的品质达到"有口皆碑"的境界，与他的这种严格的自我修养是分不开的。新中国出现的模范人物，像铁人王进喜、雷锋、焦裕禄等，也都通过认真严格的道德修养而锤炼出优秀的品德和情操。为此，在职业道德建设中，理论教育和自身修养不可偏废，这也是一种外因和内因的关系。只有职业道德的理论教育而没有职业道德的自我修养，要培养出具有高尚职业道德的民航职工队伍是绝对不可能的。

职业道德修养的实质就是从业者自觉地开展两种道德观的思想斗争，择其善者而为之，其不善者而改之。职业道德的修养包括许多方面的内容，首先要明确职业道德要求，其后结合职业实践对自己的行为进行反省检查，然后用正确思想战胜错误思想，并付诸行动。在这些内容中最实质性的就是能否用社会主义职业道德观念同各种非社会主义职业道德观念进行坚决斗争，这是职业道德修养能否成功的关键。世界上没有十全十美的完人，不可能没有错误道德观念，人也不可能生活在真空中，不受到旧道德和错误思想的影响。因此，修养的实质问题不在于头脑中有没有不符合社会主义职业道德原则的思想，而在于能不能自觉地、坚决地清除和抵制不良职业道德。在两种职业道德观的斗争中，必须特别强调自觉精神，只有自觉地、不断地把错误的职业道德从自己头脑中清除出去，才能求得职业道德上的进步。

从对职业道德修养的实质的分析我们可以看到，职业道德的修养，并不是脱离社会实践去"修身养性"，而是在社会实践中自我教育、自我改造和自我锻炼，在改造客观世界的同时，自觉改造自己的主观世界，不断提高职业道德水平。这就是马克思主义的道德修养观，它同历史上剥削阶级的道德修养观有本质的区别。职业道德的修养，在社会生活中并不是孤立进行的，而是同人们的政治修养、理论修养、组织修养、科学修养、艺术修养等并驾齐驱的。职业道德修养是道德修养的组成部分，它同上述各种修养融合在一起，互相影响、互相促进，相辅相成，共同构成提高人们整体素质的合力。

## 二 职业道德修养的现实意义

### （一）职业道德修养的意义

职业道德修养是锻炼职业道德品质的熔炉，是职业道德的作用得以实现的重要杠杆，因而搞好职业道德修养，对工作成效、职工的成长、精神文明的建设等方面具有重要意义。其具体表现如下。

**1. 职业道德修养是做好本职工作的有力保障**

推动民航事业的发展必须依靠全体工作人员在本职工作上齐心协力、发热发光。每一个民航工作人员要切实地履行自己的职责，就应具备一定的职业道德修养。民航工作人员如果注重职业道德修养，就能在工作实践中把岗位的职责和义务转化为自觉的职业行为，保证本职工作的圆满完成。特别在当前改革开放时期，面对利益调整、市场激烈竞争、行业不正之风盛行等新情况，民航行业尤其需要民航工作人员注重职业道德修养，提高职业道德觉悟，只有这样，才能把本职工作做得更好。

**2. 职业道德的修养是提高职工素质的重要手段**

民航工作人员素质的高低直接影响着民航事业的发展快慢及在激烈的市场竞争中能否立于不败之地。工作人员的素质包括思想、道德、文化、技能等多种因素，而职业道德素质是工作人员素质的一个重要方面，同其他几个方面的素质密不可分，也是直接影响工作成效的关键因素。事实上，凡是素质好的工作人员，其职业道德素质也是好的，其工作成效也是高的。只有具备良好的职业道德品质，才能严肃认真地对待工作职责。工作人员职业道德品质的形成和发展，既受到社会条件和职业环境的制约，又要靠工作人员个人在职业实践中自觉地认识和选择道德行为，下一番自我修养的功夫。从业人员的职业道德高尚，必然是他们刻苦修炼的结果。

**3. 加强职业道德修养是推进精神文明建设的一个途径**

坚持"两手抓"，在物质文明建设的同时，大力推进精神文明的建设，是社会主义现代化的根本要求。精神文明建设包括思想道德建设和科学文化建设两部分。职业道德品质是人的道德品质的最重要组成部分，因为职业生活是人生中最有意义、最为宝贵的部分，职业道德品质就是在职业生活中体现出来的。另外，精神文明建设的目的就是造就有理想、有道德、有文化、有纪律的新人，达到这一目的的一个重要途径就是通过职业实践，提高从业人员的职业道德水平。可见精神文明建设的内容和目的与职业道德有着密切联系，加强职业道德修养是精神文明建设所决定的。把精神文明建设落到实处，一个很重要的方面就是把它同提高从业人员职业道德修养结合起来，同提高职业技能结合起来，从而发挥出精神文明建设促进物质文明建设的功能，达到精神文明建设培养"四有"新人的目的。

### （二）职业道德修养的目的

明确职业道德修养的目的是必要的。其一，从业人员的职业道德修养活动必然有一个最终目的，并且每一个具体的职业道德观念和行为都受这个总的道德目标的制约。其二，职业道德修养具有规定自我修养的方向和诱发动因的双重作用。对从业人员来说，可激发的力量由自身所追求的目标及对达到目标的理解所决定。事实上，凡是在道德修养上达到高尚境界的人，都是那些目标明确、远大，进取心极为强烈的人。

职业道德活动的价值目的，是以对利益的理解为前提来确定的。不同的人由于对利益的不同理解，确定了各自不同的道德目的。从社会主义职业道德修养的最终目的来看，就是追求崇高的道德理想，培养高尚的道德品质。这是由社会主义社会全体人民的根本利益的一致性所决定的。这种崇高的道德理想和品质的核心内容就是集体主义精神。从社会主义初级阶段的现实情况来看，人们在职业道德修养的目的和境界上不可避免地存在差异，一般地存在着自私自利、公私兼顾、先公后私和大公无私等四种境界。自私自利的境界和后三种境界的性质是不同的。自私自利的境界是私有制社会的产物，后三种境界是社会主义道德品质体系中三种不同层次的道德境界。我们每一个民航工作人员要加强职业道德修养，就要以达到大公无私的境界为修养的最终目的，自觉地开展两种道德观的斗争，不断批判由自私自利的低境界所导致的错误思想和行为，逐步经过公私兼顾、先公后私的境界，努力向大公无私境界攀登。

## 三 加强职业道德修养的主要方法

加强职业道德修养，既是一个理论问题，又是一个实践问题。常见的职业道德修养的方法有以下几种。

### （一）投身实践、反复磨炼

我国古代伦理学家提出了不少有益的道德修养方法，强调"明理""反省""三思而后行"三者统一，但他们不懂得人的社会性、社会生活的实践性，因而他们更多强调的修养方法是个人的"修身""养性""闭门思过"。马克思主义揭示出"社会生活在本质上是实践的"。① 人的本质是"一切社会关系的总和"。这就从根本上使道德修养的方法发生变革。马克思主义伦理学认为道德修养的根本方法是积极参加改造社会、改造世界的社会实践。就职业道德修养而言，也不外乎是在职业实践中自觉地进行自我锻炼和自我改造，这才是职业道德修养的根本方法。对于这一问题，可以从以下几个方面来理解。

第一，职业实践是职业道德修养的前提。

人们要改造自己的主观世界，改造自己的认识能力，离不开改造客观世界的社会实践，只有在改造客观世界的斗争中，才能改造自己的主观世界。人们职业行为的善恶只有在职业实践中，在人与人、个人与集体的各种关系中才能表现出来，才能加以判断，才能谈到如何自我改造和自我修养。离开职业实践这个前提，职业行为的善恶无从产生，职业道德修养就不知从何做起。

第二，职业实践是职业道德修养的目的。

通过职业实践弄清了职业活动哪些行为是善的，哪些行为是恶的，弄清了如何进行职业道德修养，那么就应该把这些职业道德的原则、规范付诸职业活动，以利于职业活动的顺利开展。否则在理论上、口头上对职业道德修养谈得头头是道而不付诸实施，充其量只是空谈而已。教育家蔡元培说："道德不是记熟几句格言就可以了事的，亦重在实行。"② 可见职业道德修养要言行一致、知行统一，重在职业实践，目的亦在于此。

---

① 《马克思、恩格斯文集》第 1 卷，人民出版社，2009，第 505 页。
② 《蔡元培教育文选》，人民教育出版社，1980，第 117 页。

第三，职业实践是检验职业道德修养的标准。

职业道德修养的要求由职业实践提出，同样，职业道德修养的效果如何，也只有在职业实践中才能表现出来，进而加以检验。一个人的职业道德修养如何，并不是看他说得怎样，而是要看他在职业实践中的表现如何。

第四，职业实践是不断进行职业道德修养的动力。

职业道德修养是一个实践、认识、再实践、再认识的不断反复的过程。这个过程的动力就来自职业实践。因为在职业实践中，人们认识到自己在修养上的某些不足，就会进一步来改正完善，而且职业实践的深入发展，必然提出新的职业道德要求，人们又必须在职业道德修养上做出新的努力，上升到新的水平。职业实践如此反复就不断地推动职业道德修养向前发展。

## （二）加强学习、树立楷模

为了提高职业道德的认识，明确职业道德修养的要求，一方面要通过职业实践这个根本途径，另一方面可以通过学习职业道德的理论和楷模的途径来达到。职业道德理论知识是前人职业实践经验的总结，掌握这些理论知识就可以使我们明辨是非，用正确的职业道德武装头脑，抵制错误观念的侵蚀。职业道德楷模把职业道德目标、原则和规范具体化为一种理想形象，学习楷模，就可更直观、更形象地明确如何加强修养，锻炼自己的道德品质，从而升华道德境界。

## （三）自我认识、自我改造

这种方法强调自觉性，自己教育自己。自我认识，就是经常地反省自己，严于解剖自己。鲁迅先生就是严于解剖自己的楷模，他说："我的确时时解剖别人，然而更多的无情面地解剖我自己。"[①]这是因为他没有任何私心，所以他无所畏惧。他没有做过"亏心事"，他的错误缺点能够

---

① 《鲁迅全集》第1卷，人民文学出版社，1973，第261页。

自己公开，勇敢改正。这样严于律己，对于优良品质的修养是极为有利的。自我改造是在自我认识的基础上，自觉地纠正错误的道德观念和行为。自我认识是自我改造的前提，自我认识越深刻，自我改造的内动力就越大，自我改造的成效也越大，反过来又推动自我认识的深化。这样可以形成一个良性循环。在职业道德修养中，有了这种良性循环，就能够时时事事检点自己的言行，形成良好的职业道德习惯。

## （四）做到"慎独"、自我约束

"慎独"是职业道德修养的重要方法和所应达到的一种境界。"慎独"原是中国儒家的道德用语，意思是：在个人独处而无外人监督的时候也能慎重地自觉遵守道德原则，严格要求自己。原文出自《礼记·中庸》，"莫见乎隐，莫显乎微，故君子慎其独也"。儒家这种道德修养的方法，有一定的积极意义。确实最隐蔽的东西最能反映人的品质，最微小的事情最能体现人的灵魂。

职业道德修养中的"慎独"，对于民航工作人员具有特殊的重要意义。因为民航的空中运输要确保安全，这就要求全体工作人员有高度自觉的责任心，在无人监督的情况下，能够以对人民、对国家极端负责的精神，一丝不苟，恪尽职守，不得有半点马虎。在职业道德修养中要运用好"慎独"这一方法和达到"慎独"这种境界，必须具体从以下几个方面入手：一是从"隐蔽"之处下功夫。一个人在社会舆论和公众监督下，约束自己的职业行为不是很难，难就难在无人监督情况下仍然一样，因为前者可能出自勉强，后者则是出自己内心的要求。许多职业活动就是个人独处，这时不仅要不做坏事、不敷衍塞责，而且更应认真负责、精益求精。二是从"微小"的事情做起。古人说得好："勿以恶小而为之，勿以善小而不为。"职业道德的修养要注重从小处着眼，从小事起步，既要"积小善而成大德"，又要防微杜渐。三是知错就改，特别是在无人知晓的情况下做了错事，能够自我觉悟，自我纠正。人难免犯错误，关键是及时认识和纠正错误，以防止犯大的过错和严重的错误。

## 第三节　民航职业道德建设

中共中央颁布的《公民道德建设实施纲要》指出，我国公民道德建设的指导思想是：以马克思列宁主义、毛泽东思想、邓小平理论为指导，全面贯彻江泽民同志"三个代表"重要思想，坚持党的基本路线、基本纲领，重在建设、以人为本，在全民族牢固树立建设有中国特色社会主义的共同理想和正确的世界观、人生观、价值观，在全社会大力倡导"爱国守法、明礼诚信、团结友善、勤俭自强、敬业奉献"的基本道德规范，努力提高公民道德素质，促进人的全面发展，培养一代又一代有理想、有道德、有文化、有纪律的社会主义公民。这个指导思想适合于职业道德建设，也同样适合于民航职业道德建设。

民航事业的快速发展给全体从业者加强职业道德建设提供了优越的客观条件。加强民航职业道德建设，不能停留在口头上，强调在文件上，而必须落实在行动上，必须有一套切实可行的具体措施。

### 一　把干部道德建设作为民航职业道德建设的关键

这是由干部的职业特点和道德现状决定的。干部的职业不同于一般的职业，有其独特性。一是职业活动具有特定的代表性。民航各级干部的职业活动，是代表党和（或）政府履行职责。他们的言行举止，在群众心目中代表着党和（或）政府的形象。因此，干部道德素质及其对社会的影响要比其他社会成员大得多。二是职业手段具有特殊的权威性。

每个干部都是受人民群众委托，掌握着一定的职权。他们通过这种职权发布号召、命令，对群众形成一定的强制力、约束力。干部严守职业道德，就能正确运用手中的权力，为人民谋利益；反之，则可能滥用职权，牟取私利，损害人民的利益。三是职业对象具有一定的广泛性。各级干部都是一定范围、一定层次社会活动的组织者和管理者，其职业活动覆盖范围较广，涉及人员较多。因此，通过其职业行为表现出来的道德素质，能在较大的范围内产生积极或消极的影响。四是职业行为具有鲜明的示范性。干部的道德水平和面貌，直接影响群众的道德行为选择。党员干部要在全行业发挥表率作用，只有党风正、政风廉，才能做到世风清、民风淳。

党的十八大以来，党中央提出"四个全面"的战略布局，特别对党要管党、从严治党做出了一系列重大部署。全面从严治党是全面建成小康社会、全面深化改革、全面依法治国的政治保障和组织保障。民航各级党委（党组）和领导干部要充分认识全面从严治党的核心是从严管理干部，按照中央要求，打造一支政治坚强、清正廉洁、勇于担当、奋发有为的干部队伍。

第一，要切实把道德品质作为干部任职、升降的必要条件。严正作风，净化政治生态。要抓住"全心全意为人民服务"的宗旨这个根本、抓住领导干部这个核心、抓住"三严三实"这个重心，切实加强作风建设。我们的干部遴选标准历来是德才兼备，但在一些单位和部门实际执行的过程中往往会产生一些偏颇。在纠正过去"重德轻才"偏向的同时，又在不同程度上产生了"重才轻德"的倾向。而在"德"中，只讲政治思想，不讲道德品质，把道德品质看作可有可无的"小节"。在干部队伍中，溜须拍马、见风使舵者有之，虚报浮夸、邀功请赏者有之，奢华攀比、沉溺享乐者也有之。这些人虽然影响很坏，有的不仅没有受到应有的处分，反而被提拔重用，群众对此意见很大。干部的影响力、号召力主要来自两个方面：一是权力；二是人格。一个具有高尚人格的干部，容易使人产生一种敬爱感，从而产生巨大的凝聚力和感染力。相反，如果品质不好，其影响力则会大打折扣。因此，在选人用人时，必须把道德品质作为一个必要条件，对于那些品行不端者，绝不能提拔重用，有的还应从现有位置上撤下来。

第二，要加强理论学习、坚持思想武装、坚定政治信念、坚守精神家园。把马克思主义道德理论作为干部培训和教育的必修课，严抓思想，补足精神之"钙"。在干部队伍中，"德盲"甚多，不少人不知道马克思主义道德理论的基本内容，或者只知道某些道德要求而不知其所以然。这种情况之所以发生，一个重要的原因就是对于科学的道德理论在发展市场经济中的重要意义认识不足，主要表现在：一是没有认识到马克思主义道德理论在干部成长中的地位和作用；二是习惯于用政治代替道德，把政治和道德相互作用的关系看作前者包括后者的关系；三是用法律代替道德，认为发展市场经济靠的是法律的"硬"约束，而道德是"软"约束，有没有关系不大。这些错误的认识，致使长期以来，在对马克思主义的理解和宣传中，在干部学习内容的安排上，没有明确地或始终一贯地把马克思主义道德理论列入干部学习的重要内容。这种认识和做法，对于干部道德建设和社会主义精神文明建设无疑是一种损失。马克思主义道德理论是马克思主义科学体系中的重要组成部分，是我们进行市场经济条件下道德建设的指针。因此，在干部培训中，应把马克思主义道德理论作为必修课，抓好抓实。

第三，要严肃纪律，强化执纪问责。要牢固树立规矩意识，坚守纪律底线，严守党的政治纪律和政治规矩，持续从严执纪，把道德风尚作为考核干部政绩的重要内容。考核干部重在政绩是完全正确的。问题在于，对政绩必须有全面、客观的把握。然而，在有的地方和部门，在看"政绩"的时候，往往只看眼前的经济效益，而不管它是否掺有水分，更不问经济效益是如何获得的。由于这种错误的导向，有的人为了显示自己任内的"政绩"，不顾客观条件和长远利益，"急功近利，杀鸡取卵"；有的只抓物质文明建设，不搞精神文明建设，更不管社会道德风尚如何；有的弄虚作假，虚报浮夸，出现了"干部出数字，数字出干部"的不正常情况。凡此种种，既败坏了社会风气，也损害了党和政府的形象。因此，把干部所在部门或单位的道德风尚作为考核政绩的重要内容，无疑是加强社会主义精神文明建设的一项有效措施。

第四，要建立和健全干部监督机制，严格制度，强化规范管理。要健全完善制度，确保制度的科学性、合理性和可操作性，提升制度的完整性和体系，把握制度的系统性；要严格执行制度，做到全面执行、全部执行、全盘执行。不受监督的权力必然导致腐败，这是一条不可移易的真理。对干部的监督应该来自各个方面：既有上级和同级机关的监督，又有下级和群众的监督；既有党内的监督，又有党外的监督；既有纪检、监察部门的监督，又有新闻舆论的监督。从动态的角度加以考察，对权力的监督包括以下三个环节：一是权力获得的监督。这是把握好入口。权力的获得必须具备相应的条件，并经过严格的组织程序。《国家公务员暂行条例》和《党政领导干部选拔任用工作条例》，是使干部选拔任用工作走向民主化、科学化、制度化轨道的重要举措。二是权力运行中的监督。这是权力监督的关键。对权力运行实施监督的目的，是防止有的干部滥用权力，以权谋私，保证权力按照人民的意愿正确行使。当前国家已出台的一些制度，如政务公开制度，回避、交流制度，离任审计制度，个人重大事务申报制度，干部家庭财产申报制度，等等，要切实保证它们的落实。三是权力运行后果的监督。这是权力监督最后的必需环节。它可对正确行使权力的行为给予肯定和鼓励，又可对滥用权力的现象及时矫正。整个监督的过程，既是防范、约束的过程，又是导向、教育的过程。

第五，要强化干部的道德自律意识，严谨用权，正确履行职责。要做到秉公用权不为私，行使权力要出于公心、用于公利；要严以用权不逾矩，依法依"矩"用权；要把牢关键不放松，不断建立健全针对重点领域和关键岗位的监督制约机制。道德是他律和自律的统一，而"道德的基础是人类精神的自律"。只有自知、自愿、自择的行为，才是道德行为。自律是指干部自觉按照党纪、政纪、法律规定和道德规范对自己的行为进行自我评价、自我约束和自我调整。在实施行为前，自律的作用表现为按照一定的规范对自己的行为进行选择，确保它限制在法律、纪律和道德允许的范围内；在实施行为中，自律发挥监督控制作用，确保自己的行为不发生偏差；在实施行为后，自律对行为的后果和影响进行评价，发现过失及时加以纠正或调整。自律就是要做到自重、自省、自警、自励，慎初、慎微、慎独、慎终。自律本质上是主体能动性的表现，是人所达到的一种精神境界。只有不断提高自律意识，才能由外在强制变为内在自觉，形成良好的行为习惯，真正做到"常在河边走，就是不湿鞋"。

## 二　在全民航大力弘扬和践行当代民航精神

职业道德建设的根本特点是与从业者的职业生活紧密联系在一起的。行业精神是行业文化的灵魂，是行业核心价值体系的精髓。培育和提炼当代民航精神，是对老一辈民航人辛勤付出的致敬，更是对新一代民航人投身奉献的激励。2017年全国民航工作会议提出，永暑礁试飞行动中民航工作人员展现出来的"忠诚担当的政治品格、严谨科学的专业精神、团结协作的工作作风、敬业奉献的职业操守"的当代民航精神，是全行业的宝贵精神财富，是激励我们为实现民航强国而奋斗的强大精神动力。要着力弘扬和践行当代民航精神，加强民航高校思想政治工作，推动当代民航精神进课堂、进教材、进头脑，培养德智体全面发展、热爱民航事业的后继人才。

### （一）职业理想的确立——铸就忠诚担当的政治品格（即"忠业"）

一个人，在职业岗位上能否做到敬业而安心，取决于他追求什么，能否从中找到人生的意义和乐趣，即职业理想。职业理想是人们对职业劳动和职业生活所寄予的希望。它包括三个方面内容，即维持生活、发展个性和承担社会义务。由于劳动仍是谋生的手段，人们大多希望职业劳动能够带来较丰厚的收入，这是不可忽视的方面。但一个人不能只把谋生致富当作职业追求，成为一个"挣钱机器"，还应该在职业活动中发展自己的个性和潜能。作为一名劳动者，在职业行为中还应主动承担起社会义务，为社会做出自己应有的贡献。因此，在职业活动中，只有诚实地劳动和创造，才是人生的光荣和自豪；而贪婪、虚伪和欺诈，则使人生渺小和堕落。每个人都应该有切合自己实际条件和水平的职业理想，这个理想通过努力是能够实现的。能当红花诚然可喜，当不了红花就做一片绿叶，也依然可敬，绿叶自有绿叶的价值，"红花还需绿叶衬"。那种既当不了红花，又不愿做绿叶，"这山望着那山高"的人，是很难有所作为的。因此，无论从事什么样的工作，都要对党绝对忠诚，树立"四个意识"，特别是核心意识和看齐意识，自觉与党中央保持高度一致，主动站在国家战略和国家安全的高度，以对党极端负责的态度，抓好各项工作；要对人民绝对忠诚，牢固树立发展为了人民的理念，坚定人民立场，回应人民期待，切实提高决策水平和治理能力，不断增强人民群众对民航发展的获得感和认同感；要对事业绝对忠诚，把事业的完美作为我们职业的责任，牢牢守住"三条底线"，特别是要认真贯彻落实好习近平总书记"要坚持民航安全底线，对安全隐患零容忍"的重要指示精神以及其他中央领导的重要指示，坚持不懈、毫不动摇地把抓好航空安全各项工作职责扛在肩上。

## （二）职业价值的追求——塑造严谨科学的专业精神（即"精业"）

塑造严谨科学的专业精神，表现为对本职工作的业务纯熟、技艺高超、精益求精、不断改进，它是实现职业最高效益的价值追求。一个职业劳动者的最起码的职业道德要求是胜任本职工作，了解和掌握本职工作的基本性质、业务内容和工作技巧。一个优秀的职业劳动者还不能就此止步，更不能满足于多年工作而积累的一些经验，而应更上一层楼，由会到熟乃至精通，最终达到绝佳状态，成为本职工作的行家里手。当然，要做到这一点必须付出大量的心血和汗水，必须有"不达目的誓不罢休"的执著和毅力。社会上各行各业涌现出来的劳动模范就是我们学习的榜样。张秉贵"一抓准"的绝活，李素丽"一口清"的技术，都是他们酷爱本职工作的表现。"三百六十行，行行出状元"。世界上没有没出息的职业，只有没出息的懒汉。只要真心爱岗敬业，精益求精，其业可成。如果某人职业获得成就，职业就不再是一种负担，而是一种巨大的乐趣，一种生命潜能的开发，一种人生境界的升华。"干一行，精一行"，应是每个职业劳动者的不懈追求。民航工作人员要围绕各自的岗位职责，一丝不苟、严谨细致、精益求精地做工作，以职业的精神和专业的精神，做到追求完美。

## （三）职业责任的强化——形成团结协作的工作作风（即"乐业"）

职业责任就是把所从事的工作看作出于自身愿望和意志的要求，并承担起相应行为的后果。履行职业责任是每个劳动者的本分。职业责任既包含了职业场所和职业行为本身的客观规定，也凝结了劳动者对工作的关注和参与。无论是从事何种职业，都有其相应的职业责任。因此，每个职业劳动者在职业活动中，都应有明确的责任意识，要将团结协作的工作作风体现在思想认识的协同上、各项行业政策导向的协同上、各项改革任务推进步骤的协同上、各项监管措施效果的协同上，坚决打破部门本位主义，要有大局意识，牢固树立"一盘棋"思想。职业责任首先表现在，在工作中勤勤恳恳、任劳任怨，忠于职守、严谨认真、遵守纪律、执行规章。职业责任还表现在对本职业的乐观信念和忧患意识。既为本职业的光荣历史而骄傲，更对美好的未来充满信心。同时，时刻保持忧患意识，不隐瞒真相，不安于现状，不耽于幻想，积极找差距，想对策，谋出路。为了让人们有效地履行责任，一方面需要在全社会大力提倡责任意识，奖励恪尽职守的人；另一方面需将一些基本的或关系重大利害的职业责任加以制度化、法规化，追究造成严重后果的责任人的责任。

## （四）职业定位的认可——坚守敬业奉献的职业操守（即"敬业"）

敬业是指从业者诚挚、专心地对待自己的工作，从而为社会提供优质的产品和良好的服务。有人认为，我这个岗位和职业很普通，有什好敬的呢？甚至有人觉得，这个岗位和职业不是自己感兴趣的或自愿选择的，没有必要敬它。人们之所以要敬业，至少有三点理由：其一，每个人总得以一定的职业谋生。职业生活占据了人生的1/3，敬重职业工作，就是对自己生命的珍视。其二，无论何种职业都是可敬的。无论何种职业，都是神圣的。每一职业都是社会大事业的有机组成部分，每个人所做的工作都具有社会意义，都是在为社会谋利益。我们的各项职业都是为人民服务的，作为就业者的个人都是人民的一员；对于人民群众来说，"为人民服务"本质上是"人民自我服务"，即公民之间通过相互的服务来谋求共同的幸福。每个职业岗位上的服务者，在别的岗位面前都是被服务者。因此，职业分工的原则是平等的，没有高低贵贱之分。其三，只有爱岗敬业，才能突破现有条件的局限，在平凡的职业劳动中创造不平凡的业绩。爱岗敬业是每个职业人员的本分和基本使命，只有遵守本分、牢记使命，才能在职业活动中有所发明和创造。因此，民航系统的每一个从业者，对于本职工作应保持主动、乐观、尽心、尽责的态度，正确认识和处理好苦与乐、得与失的关系，耐得住寂寞、守得住清贫，守护好精神高地，做到干一行爱一行。

民航院校是民航专业人才培养的主渠道，是当代民航精神的重要传播阵地；民航院校广大师生是民航事业发展的生力军，是当代民航精神的重要弘扬者和践行者。坚持以社会主义核心价值观为引领，弘扬和践行当代民航精神，是民航院校文化传承创新和行业特色办学的重要体现。民航院校要始终坚持在各项教学科研活动中有机融入当代民航精神，着力培养具有高度安全意识、严谨科学精神和高尚职业道德的民航专业人才，为行业科学发展、安全发展提供有力支撑；为实现中华民族伟大复兴的中国梦，添光彩，当先行。

要坚持把弘扬和践行当代民航精神作为落实党中央和局党组关于加强高校思想政治工作和加强民航系统党建工作的一项重要任务来抓。大力推动当代民航精神进课堂、进教材、进头脑。要把当代民航精神纳入学生必修课教学，明确具体课时要求。加大当代民航精神宣传教育力度，使其努力贯穿到各专业课程教学训练全过程，并在公共选修课、公共基础课以及为民航企事业单位开展的各类培训课程中融入当代民航精神教育相关内容；要注重组织开展当代民航精神教材编写工作，以课堂讲义、课外读物、幻灯片、视频案例等多种形式，在各类相关教材编写与更新中增加当代民航精神内容，支持编写专题教材，支持校企联合开发相关教材；要开展各类专题教育实践活动，将当代民航精神教育纳入学生实习实训等实践教学任务中，积极开展宣传教育、社会实践、主题征文等活动，将当代民航精神融入师德师风建设、入职入学培训、先进事迹评选等活动中。

## 三　纠正部门和行业不正之风

部门和行业不正之风是人民群众深恶痛绝的一种消极腐败现象。直接损害了人民群众的切身利益，而且严重玷污了党和政府的形象。近年来，由于中央的高度重视，各级纪检、监察机关的努力工作，各部门、各行业的日益重视，人民群众的大力支持和参与，纠正部门和行业不正之风的工作取得了显著成效。但是，也应清醒地看到，纠风工作与党和人民的要求还有一定的距离，屡纠屡犯、纠而复生的问题还相当严重。因此，必须加大力度，采取切实有力的措施，把纠风工作深入持久地开展下去，力求取得更大的成果。根据形势发展的要求和多年纠风工作的经验与教训，必须在以下几个方面下功夫。

第一，突出重点。部门和行业不正之风面广量大，成因复杂，如果不分轻重缓急，什么都想抓，其结果必然是什么也抓不住。不能四面出击，必须从本部门和行业的实际出发，突出重点。选择重点必须具备三个条件：一是群众关注的焦点，它能够得到群众的拥护和支持；二是政策界限的明晰点，这样容易按政策办事，统一认识和行动；三是中心工作的结合点，如果纠风工作游离于本部门和行业的中心工作之外，另搞一套，容易搞成纠风与业务两张皮，既影响业务工作的开展，又影响纠风的深入。只有抓住了符合上述要求的重点，才能避免一般性的号召，使纠风工作落到实处。

第二,强化责任。纠风工作不能停留在一般号召上,必须建立起明确的责任制,真正做到任务到岗,责任到人。有些部门、行业和单位,之所以纠风工作取得的成效不明显,一个重要的原因就是无人负责。表面上谁都负责,实际上谁也不负责。必须改变这种无人负责的状况。应该层层签订责任书,明确责任内容、责任期限、责任人、责任后果等,一级抓一级,层层抓落实。对纠风抓得好的,要表扬、奖励,对纠风抓得不力的要批评,要在一定范围通报,做到赏罚分明。对那些不正之风问题严重,而且长期得不到有效解决的行业和部门,要追究主要领导人和具体责任人的责任。对于在纠风工作中做出突出成绩和贡献的领导干部,应被视为政绩突出而提拔重用。

第三,标本兼治。不正之风的多发部门和环节,直接影响党和政府的形象,影响社会的稳定和安宁,必须采取果断措施进行治理。哪个方面的不正之风严重,就应该在哪个方面进行治理。如果不能有效地遏制不正之风的蔓延之势,就不能得到人民群众持久的支持,也难以树立必胜的信心。这虽然是治标,但易实施,见效快。在治标的同时,更要注意治本。所谓治本,就是要善于在部门和行业不正之风的现象背后,发现其体制性、机制性、政策性漏洞,并采取相应的措施,从源头上堵住漏洞。如果不在治本上下功夫,往往是前纠后犯,边纠边犯,纠而复生。当然治本是一项长期的复杂的工程,它的难度远远大于治标。但再难也得做,既绕不开,又躲不过。应针对不正之风的多发部位和多发环节,结合具体业务活动,通过人员分工、权力分解、定期轮换、公平竞争等措施,建立起能够有效地防范不正之风的制约机制。同时,应建章立制,规范工作程序和岗位职责,明确哪些是应做的和能做的,哪些是不应做的和不能做的,严格按制度和程序办事,使不正之风无可乘之机。治标是前提,治本是根本,治标为治本开辟道路,治本为治标扩大战果,应把治标和治本有机地结合起来。

第四,加强监督。纠风工作光靠各个部门、行业、单位的内在自觉是不够的,必须同时从多方面加强外在监督。一是加强纪检、监察等职能部门的监督。要切实从战略高度来看待纠风工作,不因抓大案要案而忽视或淡化了它。要定期部署、检查、总结纠风工作，常抓不懈，一抓到底。二是部门和行业监督。各个部门和行业应将纠风工作纳入总体工作规划之中，建立规章制度，量化考核指标，督促检查落实。有的行业聘请行风建设监督员，起到了很好的作用。三是社会监督。不正之风量广面大，与老百姓的学习、工作、生活息息相关，广大群众深受其害。因此，发动广大群众监督是一个有效的措施。各个部门和行业应将办事、服务的内容、程序、时限、方式、结果等公示于众，让群众一目了然，同时设立投诉、举报电话、信箱和网址，并将查实、处理的结果及时公布。四是新闻舆论监督。广播、电视、报纸、刊物等大众传媒，反应迅速，影响面广，在发挥监督作用上有独特优势。应充分发挥大众传媒作为"社会镜鉴、人民喉舌"的巨大作用，对不正之风的典型案例及时予以曝光，以起到惩一儆百的效果。

## 四　积极探索和创新民航职业道德建设的有效载体

《公民道德建设实施纲要》指出："以活动为载体，吸引群众普遍参与，是新形势下加强公民道德建设的重要途径。"以活动为载体，也是职业道德建设的重要途径。载体是将职业道德建设由虚变实的重要纽带，是将职业道德建设落到实处的有效抓手，是职业道德建设常态化的成功探索。

随着社会实践活动的发展和社会生活的多样化，特别是就业方式的多样化，职业道德建设的载体也要不断完善和创新。我们正处于深刻的社会变革和激烈的国际竞争中，这个时代是改革的时代、开放的时代、发展的时代、知识经济的时代。站在时代前列，体现时代要求，职业道德建设必须与时俱进，不断创新。要在创新职业道德建设内容的基础上，创新职业道德建设的载体和方式。为此，应把握好以下几点：一是要把传统与创新紧密结合起来。长期以来，各个行业和部门都在职业道德建设方面做了一些有益的探索，都有一批先进单位和典型，要认真总结借鉴过去好的经验和做法，充分发挥这些排头兵的作用。同时，又不满足于已有的经验和做法，要根据新的时代特点和新的目标要求，探索新的载体，注入新的活力。二是要与各项业务工作紧密结合起来。每一项具体业务工作，都包含着相关的道德要求。各个行业和部门要从自己的实际出发，把职业道德建设与加强行业管理结合起来，把提高道德素质与提高业务技能结合起来，开展具有针对性和自身特色的职业道德建设，使其与各项业务工作真正融为一体。三是要与解决群众关心的热点难点问题紧密结合起来。要从群众反映强烈的服务态度粗暴、不负责任、不讲诚信、办事不公、吃拿卡要等热点问题入手，组织开展相关的职业道德建设活动，促使这些问题尽快得到解决。只有广大群众的积极参与和身体力行，职业道德建设才能有成效。

**问题与思考**

1. 简述民航职业道德教育的方式、方法。
2. 如何创新民航职业道德建设的有效载体？

# 参考文献

夏顺义、周裕厚、陈廷龙:《中国民航职业道德》,北京航空航天大学出版社,1990。

陆礼主编《交通职业道德》,人民交通出版社,2005。

何畏等:《职业道德建设的理论与实践》,中国人事出版社,1996。

封展旗编《员工职业道德》,中国电力出版社,2012。

李家祥:《论民航持续安全》,中国民航出版社,2016。

建设部教育司:《建设职工职业道德》,中国建筑工业出版社,1993。

## 图书在版编目(CIP)数据

民航职业道德建设 / 张凤著. -- 北京:社会科学文献出版社,2018.5(2021.12 重印)
 ISBN 978-7-5201-2546-8

Ⅰ.①民… Ⅱ.①张… Ⅲ.①民用航空-从业人员-职业道德 Ⅳ.①F560.9

中国版本图书馆 CIP 数据核字(2018)第 064846 号

## 民航职业道德建设

著　　者 / 张　凤

出 版 人 / 王利民
项目统筹 / 任文武
责任编辑 / 王玉霞
责任印制 / 王京美

出　　版 / 社会科学文献出版社·城市和绿色发展分社 (010) 59367143
　　　　　地址:北京市北三环中路甲29号院华龙大厦　邮编:100029
　　　　　网址:www.ssap.com.cn
发　　行 / 市场营销中心 (010) 59367081　59367083
印　　装 / 唐山玺诚印务有限公司

规　　格 / 开　本:787mm×1092mm　1/16
　　　　　印　张:13.5　字　数:187 千字
版　　次 / 2018 年 5 月第 1 版　2021 年 12 月第 4 次印刷
书　　号 / ISBN 978-7-5201-2546-8
定　　价 / 58.00 元

本书如有印装质量问题,请与读者服务中心 (010-59367028) 联系

▲ 版权所有 翻印必究